코스피1만
투자지도

예측 적중률 95.8% 효라클의 12개 핵심 산업 분석

코스피 1만 투자 지도

© 김성효 2026

인쇄일 2026년 4월 30일
발행일 2026년 5월 7일

지은이 효라클(김성효)
펴낸이 유경민 노종한
책임편집 이현정
기획편집 유노북스 이현정 이소연
기획마케팅 우현권 전예원 김민선 이충원
디자인 남다희
기획관리 차은영
펴낸곳 유노콘텐츠그룹 주식회사
법인등록번호 110111-8138128
주소 서울시 마포구 동교로17안길 51, 유노빌딩 3~5층
전화 02-323-7763 **팩스** 02-323-7764 **이메일** info@uknowbooks.com

ISBN 979-11-7183-168-5 (03320)

- — 책값은 책 뒤표지에 있습니다.
- — 잘못된 책은 구입한 곳에서 환불 또는 교환하실 수 있습니다.
- — 유노북스, 유노라이프, 유노책주, 향기책방은 유노콘텐츠그룹의 출판 브랜드입니다.

코스피 1만 투자지도

효라클(김성효) 지음

대다수가 길을 잃을 때
개척자는 지도를 펼친다.

미래를 먼저 보고 싶은
당신을 위해

나는 이미 책을 여러 권 냈다. 그런데 이번에 책을 또 낸다. 왜일까? 나는 책으로 미래를 예견하고, 그것이 맞아떨어지는 걸 좋아하기 때문이다. 과거에 온라인에 올린 영상이나 글은 얼마든지 바꾸거나 조작할 수 있다. 반면에 종이책으로 인쇄돼서 나온 것은 쉽게 바꿀 수 없다.

이재명 대통령이 당선된 직후 코스피(KOSPI)가 2,800선일 때 출간한 《한국주식 5차 파동》에서 나는 '코스피 5,000 돌파'를 강하게 외쳤고, 그것은 결국 현실이 됐다. 막상 코스피가 5,000을 넘고 나니 다들 '이제 곧 7,000 간다, 8,000 간다' 하며 지수를 올려 말하기 바쁘지만, 정작 코스피가 낮을 때는 나의 주장을 모두가 외면했다.

이란 전쟁이 발발하자 많은 사람이 불안해했지만, 나는 다시 또 책을 쓸 때가 됐음을 직감했다. 전쟁이야말로 증시가 새로운 국면으로 전환되기에 적합한 이슈이기 때문이다. 지금까지 한국 증시 상승을 그저 바라만 보고 있던 사람들도 이제는 정말 제대로 포트폴리오를 짜서 주식 투자를 시작해야 하는 때다. 하지만 대부분의 사람들은 그래야 한다는 사실을 전혀 모른다. 이 시기가 다 지나가고 나서야 뒤늦게 깨닫는다.

그렇다면 이 책은 어떤 책인가?

1998년 IMF로 하루아침에 대기업들마저 줄지어 부도가 나고 모든 국민이 고통을 받던 시절, 누군가가 당신에게 이렇게 말했다고 가정해 보자.

"지금 집집마다 초고속 인터넷이 깔리고 있어. 인터넷이 깔리고 나면 IT 업체들의 주가가 엄청 오를 거야."

이 말을 들은 당신은 어떤 생각을 했을까? 아마 말도 안 되는 소리라고 여겼을 것이다. 그러나 2000년 코스닥(KOSDAQ)은 '닷컴 버블'로 2,900포인트를 돌파하고 IT 기업들의 주가는 수십, 수백 배씩 올랐다.

이번에는 2003년 이라크 전쟁 발발로 유가가 폭등하던 때, 누군가가 당신에게 이렇게 말했다고 생각해 보자.

"이제 이라크 전쟁이 일어났으니까 코스피는 오를 일만 남았어."

역시 이 말을 한 사람이 제정신이 아니라고 생각했을 것이다. 2003년 3월 이라크 전쟁 발발 당시 500포인트 수준이던 코스피는 2007년 2,000포인트를 돌파한다.

그렇다면 2008년 리먼 브라더스 사태로 전 세계 증시가 패닉에 빠졌을 때, 누군가가 당신에게 이렇게 말했다면 어땠을까?

"지금 아이폰을 시작으로 스마트폰이 보급되고 있어. 곧 전 세계인이 스마트폰을 쓰게 될 거고 스마트폰 제조사와 반도체 기업의 주가가 상승할 거야."

2008년 리먼 브라더스 사태 당시 1,000포인트가 붕괴됐던 코스피는 2010년 2,000포인트를 다시 회복했다. 당시 삼성전자 주가는 처음으로 100만 원을 넘으며 황제주에 등극했다.

마지막으로 2020년 코로나19 집단 발병으로 사망자가 급증하던 시절, 누군가가 당신에게 이렇게 말했다면 어땠을까?

"이제 팬데믹으로 사람들이 밖에 안 나갈 거고 집 안에 틀어박혀서 주식만 할 거니까 주가가 오를 거야."

당시 집 안에 갇힌 개인 투자자들은 재택근무를 하며 주식에 몰

두했고, 결국 '동학개미운동'이라는 신조어까지 생겨났다. 이 시기에 각국 정부에서 뿌린 막대한 유동성에 힘입어 코스피는 사상 최초로 3,000포인트를 돌파했다.

자, 이 책이 어떤 책인지 이제 느낌이 오는가? 이 책은 이란 전쟁처럼 증시에 큰 충격을 주는 사건이 터져서 길을 잃고 헤맬 때 앞으로 어디로 가면 된다고 알려 주는 친절한 지도 같은 책이다. 책이 출간되면 언제나 '그렇게 당신 말대로 되겠냐' 하는 반응이 많았다. 하지만 시간이 지나고 나서 보면 결국 나의 예측은 전부 맞아떨어졌다. 그러한 이유로 나는 또 한 번 쉽게 그 내용을 바꿀 수 없는 종이책을 펴낸다.

2026년 4월

효라클

지도를 펼쳐라,
내가 벌 돈이 보인다

2024년 12월 3일 밤 10시 29분, 대한민국에 비상계엄령이 선포됐다. 그날 밤, 나는 잠을 이룰 수 없었다. 아마 당신도 마찬가지였을 것이다. 수백만 명의 투자자가 똑같은 불안에 떨고 있었다.

'내일 주식 시장이 열리면 어떻게 될까?'
'코스피는 얼마나 폭락할까?'
'내 계좌는 무사할까?'
'아니, 그보다 한국 경제 자체가 무너지는 건 아닐까?'

다음 날 아침, 시장은 열렸다. 코스피는 급락으로 장을 시작했고 하루 종일 요동쳤다. 종가는 2,464. 전날보다 1.44% 하락했다. 생각보다 덜 무너졌다고 안도하기는 일렀다.

12월 9일, 코스피는 계속되는 정치적 불확실성으로 2,360까지 밀렸다. 뉴스는 연일 정치 혼란을 보도했고, 원·달러 환율은 폭등했으며, 외국인 투자자들은 한국 시장에서 빠져나갔다. 개인 투자자들은 손실을 감수하고 주식을 팔았다. 증권가 애널리스트들은 "장기 조정 불가피"라는 전망을 쏟아 냈다.

그날 이후로 한 달간, 코스피는 2,400선 근처에서 맴돌았다. 회복의 기미는 보이지 않았다. 많은 사람이 한국 증시를 떠났다. "국장은 이제 끝났다"라는 말이 곳곳에서 들렸다. 미국 주식 시장의 꾸준한 상승과 대비되며 "국장 탈출은 지능순"이라는 프레임이 유행했다.

하지만 진짜 투자자들은 알고 있었다. 비상계엄령은 정치적 사건일 뿐, 한국 기업들의 경쟁력이 사라진 것은 아니라는 사실을. 삼성전자와 SK하이닉스는 여전히 세계 최고의 메모리 반도체를 만들고 있었고, AI 열풍으로 D램 가격은 꿈틀대기 시작했다. HD한국조선해양은 여전히 전 세계에서 가장 많은 LNG선 주문을 받고 있었다. 한화에어로스페이스는 예전처럼 K-방산 수출 계약을 체결하고 있었다. 당시 진짜 투자자들은 이 기업들의 주식을 저점에서 과감하게 매수했다. 다른 사람들이 공포에 질려 도망칠 때, 그들은 기회를 보았다.

그리고 2년이 지난 2026년 2월, 코스피는 6,300을 돌파했다.

2,400에서 6,300이 된 것은 160%가 넘는 상승률이다. 만약 당신이 그날, 비상계엄령의 공포 속에서 코스피 ETF에 1억 원을 투자했다면, 지금 그 돈은 2억 6,000만 원이 되어 있을 것이다. 단 14개월 만에 1억 6,000만 원의 수익을 거둔 셈이다. 하지만 이것은 끝이 아니다. 중간 과정일 뿐이다.

2025년 1월 2일 새해 첫 거래일, 코스피는 2,400으로 장을 시작했다. 여전히 불안한 수준이었다. 정치적 불확실성은 계속되고 있었고, 외국인들은 여전히 한국 주식 시장을 경계했다. 하지만 한국 기업들은 멈추지 않았다. 정치가 혼란스러워도, 그들은 일했다. 생산하고, 수출하고, 이익을 냈다. 이윽고 주식 시장은 그 사실을 반영하기 시작했다.

탄핵이 확정되고 새 정부가 들어서면서 정치적 안정을 되찾자 그해 6월, 코스피는 3,000을 돌파했다. 불과 6개월 전의 2,400에서 25% 이상 상승한 것이다. 회의론자들은 "일시적 반등"이라고 말했다. 하지만 시장은 멈추지 않았다. 7월, 8월, 9월 매달 코스피는 새로운 고점을 경신했다. 그러자 떠났던 외국인 투자자들이 돌아오기 시작했다. 개인 투자자들이 여전히 "국장 탈출은 지능순"이라는 프레임에 갇혀 있는 동안 외국인 투자자들은 신나게 한국 주식을 쇼핑했다.

그리고 10월, 마침내 코스피는 4,000을 돌파했다. 상승세는 멈추지 않았다. 12월 30일, 2025년 마지막 거래일에 코스피는 4,214.17로 한 해를 마감했다. 연초의 2,400에서 75% 이상 상승한 것이다. 한국 증시는 전 세계 주요 30개국 증시 중 상승률 1위를 기록했다. 누구도 예상하지 못한 기적이었다.

그리고 2026년이 시작됐다. 새해 첫 거래일인 1월 2일, 코스피는 4,224로 출발했다. 많은 사람이 "이제 조정이 올 것"이라고 예상했다. 1년 동안 75%나 올랐으니 쉬어 가야 하지 않겠냐고 말했다. 하지만 시장은 쉬지 않았다. 1월 내내 코스피는 상승했다.

1월 27일, 마침내 코스피는 5,000선마저 돌파했다. 이재명 대통령이 공약했던 꿈의 숫자가 현실이 됐다. 1월 한 달간 코스피는 1,000포인트가 오르는 괴력을 과시했다.

상황이 이러하자 개인 투자자들은 뒤늦게 관심을 가졌고, 포모(FOMO, 'fear of missing out'의 약자로 트렌드에 뒤처지는 것에 대한 두려움을 가리킴)에 시달리기 시작했다. 연초까지만 해도 잘해야 5,000을 넘을까 말까 할 것이라는 전망을 발표했던 증권사들도 갑자기 태도가 바뀌었다. 코스피가 5,000을 달성하자 증권사의 전망치는 6,000에서 7,000으로 날이 갈수록 상승했다.

2월에도 코스피는 쉬지 않았다. 삼성전자 주가는 20만 원을 돌파했고, SK하이닉스 주가는 100만 원을 넘었다. "20만전자", "100만닉스"라는 말이 현실이 되자 2월 25일, 코스피는 사상 처음으로 6,000을 돌파했다. 2026년이 시작된 지 두 달도 안 됐는데 벌써 수익률은 40%를 넘어섰다. 2월 26일, 코스피는 6,300선마저 돌파했다. 그야말로 거칠 것 없는 질주였다. 2024년 12월, 비상계엄령의 공포 속에서 2,400대에 머물던 코스피는 불과 14개월 만에 6,300대까지 치솟았다.

이것은 단순한 숫자가 아니다. 코스피 6,300은 대한민국 기업들의 경쟁력을 증명하는 숫자이자 위기 속에서도 기회를 포착한 투자자들이 거둔 보상의 숫자다. 무엇보다 이 숫자는, 앞으로 일어날 더 큰 기적의 시작점이다.

코리아 디스카운트에서 코리아 프리미엄으로

코스피 상승 추이

무엇이 코스피를 이토록 끌어올렸을까? 표면적으로는 반도체와 자동차, 조선, 방산의 호황이 원인이었다. 하지만 진짜 이유는 더 깊은 곳에 있었다. 그것은 대한민국 산업 구조의 근본적인 변화였다. 우리는 이미 오래전부터 세계 최고의 기술력을 보유하고 있었다. 다만 그것을 제대로 인정받지 못했을 뿐이다. '코리아 디스카운트'라는 말을 많이 들어 봤을 것이다. 한국 기업들은 동일한 수준의 기술력을 가진 미국이나 유럽 기업들보다 항상 낮은 평가를 받았다. 정치적 리스크, 북한 문제, 재벌 지배 구조 등 이유는 여러 가지였다. 하지만 2025년 코리아 디스카운트가 사라지기 시작했다.

비상계엄령이라는 극한의 정치적 위기 속에서도 한국 기업들은 멈추지 않았다. 공장은 돌아갔고, 수출은 계속됐고, 기술 개발은 중단되지 않았다. 세계가 그 모습을 보았다. 한국 기업들의 진짜 경쟁력은 정치와 무관하다는 사실을. 그들이 필요로 하는 반도체, 선박, 무기, 배터리는 한국에서만 제대로 만들 수 있다는 사실을. 이윽고 시장은 그 사실을 주가에 반영했다. 삼성전자의 시가 총액이 1조 달러를 돌파한 사실은 단순한 숫자 놀이가 아니었다. 그것은 세계가 한국 기업을 미국이나 유럽 기업과 동등하게, 아니 어쩌면 더 높게 평가하기 시작했다는 신호였다.

하지만 이것으로 충분한가? 코스피 6,000은 놀라운 성취다. 그렇지만 이것이 끝인가? 여기서 멈춰야 하는가? 아니다. 이제 시작일 뿐이다. 바로 이란 전쟁이 일어났기 때문이다.

코스피 2배의 법칙

코스피는 언제 올라갈까? 물론 여러 가지 경우가 있겠지만 내가 생각하는 가장 확실한 답은 '위기가 온 다음'이다. 잘 알다시피 코스피는 위기가 왔을 때마다 하락했지만 결국 회복했고, 회복한 뒤에는 항상 위기 전보다 더 올라가며 우상향해 왔다. 코스피 2배의 법칙은 바로 여기에서 출발한다. 한국 사회에 강한 충격을 주는 사건이 일어나면 코스피는 하락하게 되는데, 2년 내에 반드시 이때 기록한 저점의 2배 이상 상승한다는 법칙이다.

예를 들어 코로나19 발생 전 2,000포인트 초반이던 코스피는 코로나19가 전 세계로 퍼져 나가던 2020년 3월 1,439.43포인트까지 급락했다. 단기간에 30%가량 하락한 것이다. 이후 반등한 코스피는 2020년 12월 2,900포인트를 돌파하게 된다. 9개월 만에 급락 당시 기록했던 저점의 2배가 넘는 상승이 나타난 것이다.

1997년 IMF 사태부터 지금까지 대표적인 사례는 다음과 같다.

충격을 준 사건	코스피 저점	저점 기록 시점	저점 대비 2배 상승 시점	경과
IMF 사태	338.94	1997년 12월	1999년 4월	16개월
9·11 테러	463.54	2001년 9월	2002년 4월	7개월
이라크 전쟁	512.30	2003년 3월	2005년 3월	24개월
리먼 브라더스 파산	892.16	2008년 10월	2010년 8월	22개월
코로나19	1,439.43	2020년 3월	2020년 12월	9개월
비상계엄령 선포	2,360.18	2024년 12월	2026년 1월	13개월

여기서 주목해야 할 것은 코스피 지수는 2배가 오른 뒤에도 계속 상승을 이어 갔다는 점이다. IMF 사태 발생 이후 1999년 7월 1,000포인트를 돌파하며 저점 대비 3배 넘게 올랐고, 이라크 전쟁 발생 이

후 2007년 7월 2,000포인트를 돌파하게 된다. 코스피 2배의 법칙은 딱 2배 오르고 끝이라는 게 아니라 최소한 2배는 올라간다는 것이다. 때에 따라서 3배, 4배 상승의 원동력이 되기도 하는데, 한 번의 충격적 사건이 미치는 파급 효과는 이렇게나 크다.

그리고 얼마 전 증시에 커다란 파급 효과를 미치는 충격직 사건이 벌어졌다. 바로 2026년 2월 발발한 이란 전쟁이다. 이란 전쟁 직전에 6,300포인트를 돌파했던 코스피는 전쟁이 일어나자 5,042.99까지 수직 낙하했다. 코스피 2배의 법칙에 따르면 2028년 2월 이전에 코스피는 1만 돌파가 가능한 상황이다. 이것은 전쟁이 어떻게 진행되느냐와 큰 상관이 없다. 2003년 시작된 이라크 전쟁은 8년간 지속됐지만 전쟁 초반부가 지나가자 증시는 전쟁 지속 여부와 관계없이 오르기 시작했다.

코스피 2배의 법칙은 코스피가 크게 상승하기 위해서는 반드시 위기로 인한 하락이 있어야만 한다는 이론이다. 즉, 코스피는 아무런 위기가 없는 평온한 상태에서는 잘 오를 수가 없고, 위기가 와야 비로소 상승을 시작한다는 논리다. 그렇다면 도대체 왜 코스피는 위기 직후에 크게 오를 수 있는 것일까? 거기에는 두 가지 이유가 있다.

첫째, 위기가 와야만 정부가 주식 시장을 살리기 위해서 적극적으로 노력하기 때문이다.

이재명 대통령을 제외한 역대 대통령들은 증시에는 무관심한 편이었다. 물론 증시를 떨어뜨리겠다고 말한 대통령은 없지만, 부동산과 비교해 보면 늘 주식 시장은 뒷전이었다. 그것은 왜 그럴까? 이유는 간단하다. 부동산 시장에서는 어마어마한 양도세를 거둬들일 수 있지만, 주식 시장에서는 거래세밖에 걷을 수가 없기 때문이다. 정부를 하나의 기업이라고 생각하고 세금이 매출액이라고 가정해 본다면 쉽게 이해가 갈 것이다. 부동산 시장은 엄청난 매출을 낼 수 있는 황금 어장인 반면, 주식 시장은 푼돈밖에 벌 수 없는 곳이다. 그래서 역대 대통령들의 정책은 늘 부동산 위주였다.

하지만 글로벌 금융 위기가 오면 상황은 달라진다. 당장 주식 시장이 폭락하고, 금융 시장에 공포가 덮친다. 민심이 흔들리고, 정부에게 빨리 해결하라고 압박한다. 언론도 온통 그 얘기뿐이다. 정부는 당장 발등에 불이 떨어졌기 때문에 주식 시장을 안정시키기 위해서 갑자기 추경을 한다든지, 금리를 내린다든지, 지원금을 뿌린다든지 하는 노력을 한다. 이런 정부의 노력이 쌓이고 쌓여서 증시 상승으로 이어지는 것이다. 만약 위기가 오지 않았다면 애초에 이런 적극적인 증시 부양 정책이 한꺼번에 쏟아질 수가 없다.

둘째, 위기가 와야만 원·달러 환율이 급등하며 외국인 투자자들에게 한국 주식의 매력이 증가한다.

외국인 투자자들은 평상시의 한국 주식에는 큰 관심이 없다. 미국이나 일본, 중국에 좋은 기업이 훨씬 많기 때문이다. 물론 한국에도 훌륭한 기업이 있지만, 글로벌 투자자 입장에서는 해외의 다른 기업들과 비교할 수밖에 없다. 하지만 한국 증시에 강한 충격을 주는 사건이 일어나서 원·달러 환율이 치솟으면 상황은 달라진다. 한국 주식이 순식간에 헐값으로 떨어진다. 주가 자체도 하락하지만 원화 가치의 하락은 외국인 투자자들에게 투자 매력도를 더욱 높이는 요인이 된다. 원화 가치가 급격히 떨어질 만한 사건이 없다면, 외국인 투자자들에게 한국 증시는 가격적으로 그다지 매력적이지 않다. 그래서 외국인 투자자들은 원·달러 환율이 치솟은 이후에 대거 들어와서 시세 차익과 환차익을 동시에 얻어 간다.

2026년 2월 벌어진 이란 전쟁도 이와 똑같다. 이란 전쟁으로 코스피가 급락하고 금융 시장이 불안해지자 정부는 신속하게 4월 26조 2,000억 원 규모의 전쟁 추경을 실시했다. 원·달러 환율은 1,530원을 돌파하며 2008년 글로벌 금융 위기 이후 최고치를 기록했고, 외국인 투자자들 입장에서 한국 주식은 그만큼 헐값이 됐다.

트럼프의 말 한마디에 시장이 요동치지만 결국 중요한 본질은 바뀌지 않는다. 주식 시장은 정부가 열심히 노력하고 외국인 투자자들이 매수하면 올라간다. 그리고 그런 환경은 위기 상황에서만 만들어진다.

두 대륙이 만나는 곳, 코스피 1만

그래서 우리가 진짜로 주목해야 할 것은 지금부터 일어날 일들이다. 구대륙이 만든 코스피 6,000이라는 숫자는 대한민국 산업의 성숙함을 보여 준다. 반도체, 원전, 조선, 방산, 배터리, 금융. 이들 분야에서 한국은 이미 세계 시장을 지배하는 강자다. 하지만 제국은 더 이상 빠르게 성장하지 않는다. 안정적이고, 강력하고, 수익성은 있지만, 폭발적 성장기는 이미 지나갔다.

코스피가 6,000에서 1만으로 가려면 새로운 동력이 필요하다. 새로운 산업, 새로운 기술, 새로운 시장. 그것이 바로 신대륙이다. 신대륙은 이제 막 발견되고 있는 중이다. 아직 개척되지 않은, 아직 탐험되지 않은, 그래서 무한한 가능성을 품은 새로운 영토가 우리를 기다리고 있다. 피지컬 AI와 로봇, 자율주행차와 로보택시, 드론 산업, 우주 산업과 위성 통신, 태양광과 페로브스카이트, 전고체 배터리. 이 6개의 산업이 신대륙의 핵심이다.

2026년 현재, 이들 산업은 아직 초기 단계다. 피규어 AI라는 휴머노이드 로봇 스타트업이 390억 달러의 기업 가치를 인정받았다는 뉴스가 보도됐지만, 대부분의 사람들은 '그게 뭐 대수냐'라고 생각한다. 웨이모가 로보택시로 1,400만 건의 운행을 완료했다는 소식이 들리지만, 많은 사람은 그저 "한국에는 언제 들어오려나?" 하며 시큰둥한 반응이다. 드론이 530억 달러 시장으로 성장했다는 보고서가 발표됐지만, 투자자들은 "그게 주가랑 무슨 상관이냐"라고 묻는다.

하지만 역사는 언제나 반복된다. 새로운 기술이 처음 등장했을 때, 대다수는 그것을 무시했다. 2007년 아이폰이 처음 출시됐을 때, 많은 전문가가 "키보드 없는 휴대폰이 무슨 소용이냐"라고 비웃었다. 2009년 비트코인이 처음 등장했을 때는 어땠는가? 사람들은 "그게 돈이 되냐"라며 코웃음을 쳤다. 2012년 테슬라가 모델 S를 출시했을 때, 자동차 업계는 "전기차는 틈새시장일 뿐"이라고 단정했다.

그리고 지금, 아이폰은 애플을 세계 최대 기업으로 만들었고, 비트코인은 수십조 달러의 자산 시장이 됐으며, 테슬라는 자동차 산업 전체를 뒤바꿔 놓았다. 신대륙도 마찬가지다. 지금은 초기 단계이지만, 2030년이면 세상이 완전히 바뀌어 있을 것이다. 공장에서는 휴머노이드 로봇이 사람과 함께 일하고 있을 것이다. 도시에서는 자율주행 로보택시가 사람들을 태우고 다닐 것이다. 하늘에서는 드론이 택배를 배송하고, 사람들은 드론 택시를 타고 출퇴근할 것이다. 위성 통신은 전 세계 어디서나 인터넷을 가능하게 만들 것이다. 건물 외벽의 페로브스카이트 태양광 패널이 전기를 생산할 것이다. 전기차는 5분 만에 완충되는 전고체 배터리를 장착하고 있을 것이다.

이 모습들은 SF 소설에 나오는 이야기가 아니다. 이미 시작된 미래다. 그리고 이 미래를 만드는 기업들의 주가는 지금부터 폭발할 것이다. 구대륙의 기업들이 코스피를 2,500에서 6,000으로 끌어올렸다면, 신대륙의 기업들은 6,000에서 1만까지 추가 상승을 만들어낼 것이다. 아니, 어쩌면 그 이상일 수도 있다. 왜냐하면 신대륙은 아직 개척기이기 때문이다. 제국이 된 구대륙과 달리 신대륙은 이제 막 발견된 땅이다. 새로운 대륙이 발견됐을 때, 가장 큰 부를 거머쥔 사람들은 항상 개척자들이었다. 이 사실은 역사가 증명한다.

이 책은 당신을 개척자로 만들기 위한 지도다. 구대륙의 안정성과 신대륙의 폭발력, 2개의 대륙을 모두 활용하는 방법을 알려 줄 것이다. 이 책에서 우리는 '문명 성숙도 시스템'이라는 독특한 프레임 워크를 사용할 것이다. 이것은 단순한 비유가 아니다. 실제로 산업이 어떻게 진화하는지, 투자자가 언제 진입해야 하는지를 명확하게 보여 주는 도구다.

구대륙의 산업들은 이미 성숙했다. 반도체는 제국이 됐고, 조선·방산·원전·배터리는 왕국이 됐으며, 금융은 도시 국가가 됐다. 개척자가 되고자 하는 투자자에게는 각 산업의 성숙도에 맞는 투자 전략이 필요하다. 제국은 안정적 배당과 추가 성장을 기대하며 투자해야 하고, 왕국은 장기 보유 전략이 적합하며, 도시 국가는 전환기 대응이 필요하다.

신대륙의 산업들은 아직 초기 단계다. 어떤 산업은 개척기에 있고, 어떤 산업은 탐험기에 진입했으며, 어떤 산업은 건설기를 준비 중이다. 개척기에는 선별적 진입이 필요하고, 탐험기에는 적극적 매수가 가능하며, 건설기에는 강력한 보유 전략이 효과적이다. 이어서 발전기에는 일부 수익 실현을 고려해야 하고, 번영기에는 안정적 운용으로 전환해야 한다.

이 책은 총 2개의 파트로 구성되어 있다.

PART 1에서는 구대륙의 6개 핵심 산업, 반도체·조선·방산·원전·배터리·금융을 다룬다. 이들이 어떻게 코스피를 6,000까지 끌어올렸는지, 지금은 어떤 상태인지, 앞으로 어떻게 투자해야 하는지를 상세히 설명한다.

PART 2에서는 신대륙의 6개 혁신 산업, 피지컬 AI와 로봇·자율주행차와 로보택시·드론 산업·우주 산업과 위성 통신·태양광과 페로브스카이트·전고체 배터리를 다룬다. 각 산업이 2026년부터 2030년까지 어떻게 진화할지, 어느 시점에 투자해야 하는지, 어떤 종목을 주목해야 하는지를 구체적으로 제시한다.

각 챕터에는 투자 판단을 돕는 지도와 표가 수록돼 있다. 판단표의 기업들은 세 가지로 분류된다. '●(핵심 주도)'는 해당 산업의 중심축으로 수익이 가장 먼저 시작되고 안정성이 높아 비중을 확대할 종목이다. '◎(성장 수혜)'는 성장이 확장되는 국면에서 동행하는 기업으로 변동성은 다소 높지만 장기 보유에 적합하다. '○(공급 수혜)'는 공급망 기반에 위치한 기업으로 수익 실현은 후행하며 변동성이 가장 높아 선별적 접근이 필요하다.

범례

구분	● 핵심 주도	◎ 성장 수혜	○ 공급 수혜
역할	중심축	성장 확장	공급 기반
수익 시작	선행	동행	후행
변동성	중간	높음	매우 높음
안정성	높음	중간	낮음
전략	비중 확대	장기 보유	선별 접근

Special Chapter도 준비했다. 여기에서는 두 대륙을 통합하는 투자 전략을 다룬다. 구대륙과 신대륙을 포트폴리오에서 어떻게 배분할지, 시간이 지나면서 어떻게 리밸런싱할지, 리스크는 어떻게 관리할지, 실제 종목은 어떻게 발굴할지를 실전 중심으로 설명한다.

이 책을 다 읽고 나면, 당신은 코스피 1만이 꿈이 아니라 현실임을 알게 될 것이다. 그리고 그 여정에 당신이 어떻게 참여해야 하는지, 어떤 종목에 언제 투자해야 하는지, 어떻게 수익을 극대화할 수 있는지를 명확하게 이해하게 될 것이다.

2024년 12월 9일, 비상계엄령의 공포 속에서 코스피가 2,360을 기록했던 그날, 진짜 투자자들은 기회를 보았다. 그들은 저점에서 매수했고, 14개월 후 160%의 수익을 거뒀다. 이들을 부러워만 하고 있을 때가 아니다. 2026년, 당신 앞에는 또 다른 기회가 있다. 이제 막 개척되기 시작한 신대륙은 2030년이면 번영기에 도달할 것이다. 그때쯤이면 코스피는 1만을 향해 나아가고 있을 것이다.

당신은 개척자가 될 것인가, 아니면 영원히 구경꾼으로 남을 것인가? 선택은 오직 당신의 몫이다. 하지만 기억하라. 역사는 항상 개척자들의 편이었다는 사실을. 이제 지도를 펼치고, 항해를 시작할 시간이다.

차례

PART 1

코스피 6,000을 만든 6대 핵심 산업
전략가의 든든한 기지, 구대륙

코스피 6,000을 만든 6대 핵심 산업

전략가의 든든한 기지, 구대륙

구대륙을
읽는 법

2026년 2월, 코스피는 6,300을 넘어섰다. 불과 14개월 전 비상계엄령의 공포 속에서 2,360을 기록했던 지수가 160% 넘게 급등한 것이다. 무엇이 이 기적을 만들었는가? 언론은 "반도체 호황" 덕분이라고 말한다. 증권가는 "외국인 매수세" 영향이라고 분석한다. 하지만 그것은 표면적 분석일 뿐이다. 진짜 이유는 대한민국이 이미 오래전부터 구축해 온 산업 경쟁력이다. 이 책에서 우리는 그것을 '구대륙'이라고 부를 것이다.

구대륙은 이미 성숙한 산업들이다. 반도체, 조선, 방산, 원전, 배터리, 금융이 여기에 속한다. 이들은 수십 년간 축적된 기술력과 생산 능력을 바탕으로 시장을 지배하고 있다. 삼성전자와 SK하이닉

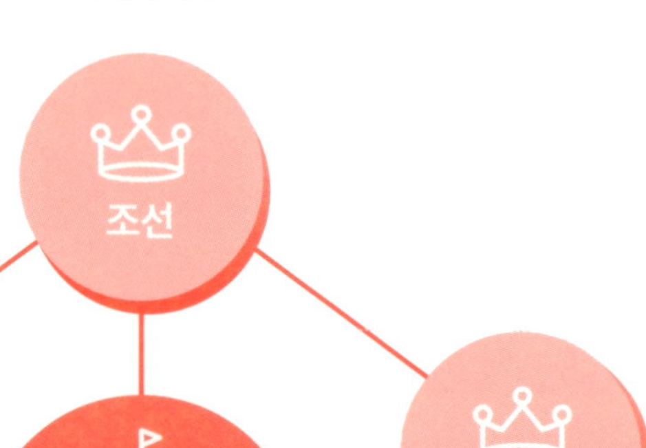

스가 없으면 전 세계 AI 데이터 센터는 건설될 수 없다. 한국의 조선소가 없으면 LNG 운반선을 제때 공급받을 수 없다. 한화에어로스페이스가 없으면 자국을 공격으로부터 방어할 수 없다. 이것이 구대륙의 힘이다. 이들이 생산하는 제품들은 이미 글로벌 시장에서 필수재가 됐다.

하지만 성숙함은 양날의 검이다. 성숙한 산업은 안정적이지만 폭발적 성장은 기대하기 어렵다. 제국은 더 이상 정복할 땅이 많지 않다. 왕국은 이미 영토를 확보했다. 도시 국가는 자신의 영역을 지키는 데 집중한다. 그렇다면 투자자는 어떻게 해야 하는가? 구대륙을 버려야 하는가? 아니다. 오히려 반대다. 구대륙이야말로 포트폴리오의 기둥이 되어야 한다. 다만 각 산업의 성숙도에 맞는 전략이 필요할 뿐이다.

이 장에서는 구대륙의 6개 산업을 하나씩 살펴볼 것이다. 각 산업이 어떤 문명 단계에 있는지, 어떤 투자 전략이 적합한지, 어떤 종목을 주목해야 하는지를 구체적으로 제시할 것이다.

그 전에, 먼저 구대륙 전체를 조망할 필요가 있다. 제국과 왕국과 도시 국가의 역할을 이해하고, 2026년 현재 구대륙의 지형도를 파악해 보자.

제국, 왕국, 도시 국가의 역할과 투자 전략

구대륙의 산업들은 모두 성숙했지만, 그 성숙도는 제각각이다. 어떤 산업은 이미 제국이 됐고, 어떤 산업은 왕국 수준이며, 어떤 산업은 도시 국가에 머물러 있다. 이 차이를 이해하는 것이 투자 전략의 출발점이다.

제국이란 무엇인가?

제국은 세계 시장을 지배하는 절대 강자다. 경쟁자가 있지만 그들을 압도한다. 기술력에서, 생산 능력에서, 원가 경쟁력에서 모두 우위에 서 있다. 제국은 시장의 룰을 만든다. 가격을 결정하고, 표준을 정의하며, 공급 시기를 통제한다.

2026년 현재, 한국의 반도체 산업이 바로 제국이다. 삼성전자와 SK하이닉스는 메모리 반도체 시장에서 압도적 점유율을 차지하고 있다. 특히 HBM(고대역폭 메모리) 분야에서는 경쟁자가 사실상 없다. 엔비디아가 AI 칩을 만들려면 반드시 한국에서 HBM을 공급받아야 한다. 이것이 제국의 힘이다.

제국에 투자하는 전략은 명확하다. 장기 보유다. 제국은 단기적으로 등락할 수 있지만, 장기적으로는 계속 성장한다. 왜냐하면 그들 없이는 세상이 돌아가지 않기 때문이다. AI 혁명이 진행될수록, 데이터 센터가 늘어날수록, HBM 수요는 폭발한다. 그리고 그 수요는 오직 삼성전자와 SK하이닉스만이 충족시킬 수 있다.

물론 제국도 리스크는 있다. 기술 혁신에 실패하거나, 새로운 경쟁자가 등장하거나, 수요가 급감할 수 있다. 하지만 그런 리스크는 단기적 조정의 기회로 활용해야 한다. 제국의 주가가 떨어지면, 그것은 매도 신호가 아니라 추가 매수의 기회다.

왕국이란 무엇인가?

왕국은 높은 성숙도를 가진 산업이지만, 제국만큼 압도적이지는 않다. 경쟁자들이 있고, 시장 점유율을 놓고 경쟁한다. 하지만 왕국도 강하다. 기술력이 검증됐고, 수주 잔고가 쌓여 있으며, 수익성이 안정적이다.

2026년 현재, 한국의 조선·방산·원전·배터리가 왕국이다. 조선은 LNG선과 컨테이너선 수주로 향후 몇 년간의 매출이 이미 확정되어 있다. 방산에서 K9 자주포와 K2 전차 등 한국의 무기는 전 세계 시장에서 경쟁력이 입증됐다. 원전은 체코 두코바니 원전 수주에 이어 SMR(소형 모듈 원전) 수출로 새로운 성장 동력을 확보하고 있다. 배터리 또한 중국에 이어 세계 2위의 경쟁력을 가진 왕국이다. LFP 위주의 중국과 달리 NCM 위주의 포트폴리오를 짰던 한국 배터리 3사는 전기차 수요 증가세 둔화라는 악재에 맞서 ESS(에너지 저장 시스템), 휴머노이드 배터리 등으로 활로를 모색하고 있다.

왕국에 투자하는 전략도 명확하다. 장기 보유를 하되 밸류에이션(Valuation, 기업 가치 평가)을 관리해야 한다. 왕국은 제국만큼 빠르게 성장하지 않는다. 따라서 주가가 과도하게 오르면 일부 수익을 실현하는 것이 합리적이다. 왕국의 주가가 고점 근처에 있다고 판단되면 일부는 팔고 현금을 확보하는 것이 현명하다. 물론 전부 팔 필요는 없다. 왕국도 여전히 강하기 때문이다. 하지만 비중 관리는 필요하다.

도시 국가란 무엇인가?

도시 국가는 아직 글로벌로 나아가지 못한 상태다. 해외 시장을 적극 개척해서 확실한 영역을 구축한 제국이나 왕국과는 달리 도시 국가는 내수 경제가 중심이다. 제국이나 왕국은 이란 전쟁 같은 해외 이슈에 민감하게 반응한다. 영토가 넓은 만큼 신경 써야 할 부분도 많다. 글로벌 시장의 치열한 경쟁도 부담스럽다. 지금은 절대적인 위치에 있지만 후발 주자들의 추격이 매섭다. 그래서 항상 그들의 추격을 따돌리는 데 에너지를 많이 써야 한다. 하지만 도시 국가는 그럴 일이 없다. 도시 국가는 글로벌 이슈보다는 국내의 정책적인 이슈에 민감하게 반응한다. 금융이 대표적인 도시 국가다. 한국의 금융사들은 반도체, 조선, 방산, 베터리와는 산업의 성격이 판이하게 다르지만 그들도 코스피 6,000의 주역 중 하나다.

도시 국가에 투자하는 전략은 달라야 한다. 제국이나 왕국이 글로벌 시장에서의 영토 확장 가능성을 고려하며 투자해야 한다면 도시 국가는 정부의 정책 방향을 중시하며 투자해야 한다. 금융에 대한 정부 당국의 정책과 입법 등의 환경이 얼마나 우호적인지를 판단해야 한다. 그런 측면에서 구대륙의 산업들 중 가장 결이 다르다고 할 수 있다.

구대륙 투자 전략: 안정적 배당+추가 성장

구대륙의 가장 큰 장점은 안정성이다. 신대륙은 불확실하다. 휴머노이드가 정말 수익을 낼지, 자율주행차가 언제 상용화될지, 드론이 정말 하늘을 가득 채울지 아무도 확신할 수 없다. 하지만 구대륙은 다르다. 반도체는 이미 팔리고 있다. 조선소는 이미 배를 만들고 있다. 방산 기업은 이미 무기를 수출하고 있다. 이것은 확실한 사실이다. 그리고 확실함은 투자자에게 마음의 평화를 가져다준다.

구대륙 기업들은 대부분 배당을 지급한다. 삼성전자는 분기 배당을 하고, 추가로 특별 배당까지 검토 중이다. HD한국조선해양은 실적이 좋아지면서 배당을 늘리고 있다. 한화에어로스페이스도 마찬가지다. 배당은 투자자에게 현금 흐름을 제공한다. 주가가 오르면 좋고, 주가가 횡보해도 배당 수익을 얻는다. 이것이 구대륙 투자의 첫 번째 전략이다. 안정적 배당을 받으면서 장기적 상승을 기다리는 것이다.

하지만 구대륙이 단순히 배당만 주는 '늙은 기업'은 아니다. 구대륙에도 성장 동력이 있다. 반도체는 HBM 수요가 폭발하고 있다. 조선과 방산은 이란 전쟁으로 수주 증가가 예상된다. 원전은 SMR이라는 새로운 시장을 개척하고 있다. 배터리는 전고체 전환이라는 게임 체인저를 앞두고 있다. 금융은 상법 개정에 따른 정책적 수혜를 받고 있다. 이것이 구대륙 투자의 두 번째 전략이다. 안정적 배당에 더해 추가 성장까지 기대하는 것이다.

구대륙에 투자할 때는 포트폴리오 구성이 중요하다. 전체 포트폴리오의 50%는 구대륙에 배분하되 그 안에서도 분산이 필요하다. 제국에 30%, 왕국에 15%, 도시 국가에 5% 정도 비중을 두는 것이 합리적이다. 제국은 안정성과 성장을 모두 제공하므로 가장 큰 비중을 차지한다. 왕국은 안정적이지만 성장이 제한적이므로 중간 비중이다. 도시 국가는 리스크가 있지만 전환기 기회가 있으므로 소량 배분한다. 물론 이것은 일반적인 가이드일 뿐이다. 포트폴리오 배분 비중은 개인의 투자 성향과 시장 상황에 따라 조정해야 한다. 보수적 투자자라면 제국 비중을 더 높일 수 있고, 공격적 투자자라면 도시 국가 비중을 늘릴 수 있다.

구대륙 투자의 또 다른 중요한 원칙은 "떨어질 때 사라"다. 구대륙은 이미 검증된 산업이다. 단기적으로 주가가 조정받을 수 있지만, 장기적으로는 회복한다. 2024년 12월, 비상계엄령 당시를 떠올려 보라. 코스피는 2,360까지 떨어졌고, 삼성전자와 SK하이닉스 주가도 급락했다. 많은 사람이 공포에 질려 보유한 주식을 팔았다. 하지만 그때 저점 매수한 사람들은 14개월 만에 160%의 수익을 거뒀다. 왜냐하면 구대륙의 경쟁력은 정치 상황과 무관하기 때문이다. 비상계엄령 중에도 삼성전자는 반도체를 생산했고, HD한국조선해양은 배를 만들었다. 그리고 세계는 그들의 제품을 필요로 했다. 따라서 구대륙의 주가가 정치적 혼란이나 일시적 악재로 떨어진다면, 그것은 매도 신호가 아니라 매수 기회다.

2026년 구대륙 현황 스냅숏

2026년 상반기, 구대륙의 6개 산업은 어떤 상태인가? 하나씩 스냅숏을 찍어 보자.

반도체는 절정이다.

삼성전자는 주가가 20만 원을 넘으며 시가 총액 1조 달러를 돌파했다. SK하이닉스는 "100만닉스"를 달성했다. HBM 수요는 공급을 초과하고 있고, 엔비디아는 계속해서 주문을 늘리는 중이다.

2026년 1분기 실적은 역대 최고치를 경신할 것으로 예상된다. 문명 단계로 보면 제국의 전성기다.

투자 전략은 명확하다. 보유하라. 단기 조정이 와도 팔지 마라. 5년, 10년 보유할 각오로 접근하라. 배당도 받고, 주가 상승도 누려라.

조선은 수주 잔고의 정점에 있다.

HD한국조선해양과 한화오션, 삼성중공업은 향후 3년 치 이상의 수주를 확보했다. LNG선 가격도 높은 수준을 유지하고 있다. LNG선의 대호황은 AI 발전에 따른 LNG 발전소의 증가 덕분이다. 그런데 여기에 이란 전쟁이 더해지며 유가가 폭등했고 해상 운임이 상승 곡선을 그리고 있다. 조선사에는 더없는 호재다.

방산도 이란 전쟁이라는 대호재를 만났다.

미국이 이란의 핵무기 제거를 이유로 대규모 공격을 감행하면서 2003년 이라크 전쟁 이후 또 하나의 중동 전쟁이 시작됐다. 중동은 동유럽과 함께 한국 방산 산업의 주요 고객이다. 이란 전쟁 발발로 합리적 가격에 훌륭한 납기 준수율을 자랑하는 한국 방산 산업이 중동 지역에서 추가 수주를 기대할 수 있게 됐다. 2022년 러시아가 우크라이나를 침공하며 동유럽 지역의 긴장감이 높아지자 폴란드의 무기 발주가 이어진 것처럼 중동의 오일 머니가 한국 방산을 향하고 있다.

원전은 부활의 정점에 있다.

두산에너빌리티와 한전KPS는 실적이 개선되고 있다. SMR 수출 기대감도 높다. 체코, 폴란드 등 유럽 국가들이 한국 원전에 관심을 보이고 있다. 미국도 원전 재가동을 추진 중이고, 한국 기술을 주목하고 있나. 문명 단계로 보면 왕국이다.

투자 전략은 장기 보유하되 밸류에이션을 체크하라. 원전 관련주들이 단기간에 급등했다면 일부 수익 실현을 고려하라. 하지만 전부 팔 필요는 없다. 원전은 앞으로 10년간 성장할 산업이다.

배터리는 전환기에 있다.

전기차 수요 증가세 둔화로 주가가 조정받았다. LG에너지솔루션과 삼성SDI는 2023년 고점 대비 주가가 많이 빠졌다. 하지만 이것이 끝은 아니다. ESS 수요가 늘고 있고, 전고체 전환이 2027년부터 시작된다. 로봇이 대중화되면 배터리 수요는 다시 폭발할 것이다. 문명 단계로 보면 도시 국가이며, 왕국으로 건너가는 전환기다.

투자 전략은 선별적 진입이다. 전고체 기술력이 검증된 기업, ESS 실적이 나오는 기업을 골라서 투자하라. 다만 비중은 높이지 마라. 배터리는 아직 불확실성이 크다.

금융은 수혜 초기 단계다.

오랜 기간 동안 금융주는 배당이 주목적인 재미없는 투자 대상이었다. 그러나 이재명 정부가 들어서면서 정부의 강력한 의지 아래에 금융 산업 전반의 구조가 바뀌고 있다. 비록 도시 국가이지만 그 안에서 확실한 패러다임 시프트가 일어나고 있는 중이다. 따라서 앞으로 2~3년간 수익이 개선될 것이 명확하다.

투자 전략은 장기 보유 전략으로 접근하는 것이다.

이것이 2026년 현재 구대륙의 지형도다. 제국은 여전히 강하고, 왕국은 정점에 있으며, 도시 국가는 전환을 준비하고 있다. 이제 각 산업을 하나씩 깊이 들여다볼 시간이다.

다음 장부터는 반도체를 시작으로 구대륙의 6개 산업을 상세히 분석할 것이다. 각 산업의 현황, 전망, 투자 전략, 주목할 종목까지 모두 다룰 것이다. 구대륙을 완전히 이해하고 나면 당신은 포트폴리오의 절반을 구축하게 될 것이다. 그리고 그 기반 위에서 신대륙이라는 폭발적 기회를 더할 수 있을 것이다.

CHAPTER 1

반도체
코스피의 왕좌

제국

삼성전자 주가가 20만 원을 돌파한 2026년 2월, 한국 증시는 새로운 역사를 썼다. 시가 총액 1조 달러. 한국 기업 최초였다. 같은 날, SK하이닉스 주가는 100만 원을 돌파하며 "100만닉스" 시대를 열었다. 3년 전만 해도 8만 원대였던 주가가 10배 이상 폭등한 것이다. 두 기업의 합산 시가 총액은 1,500조 원을 넘어섰다. 이것은 단순한 숫자 놀이가 아니었다. 대한민국 반도체 산업이 제국으로 등극했다는 선언이었다.

제국이란 무엇인가? 제국은 세계를 지배한다. 경쟁자가 있지만, 그들을 압도한다. 시장의 룰을 만들고, 가격을 결정하며, 기술 표준을 정의한다. 2026년 현재, 한국의 메모리 반도체 산업이 바로 그 제국이다. 전 세계 D램 시장에서 삼성전자와 SK하이닉스의 점유율을 합치면 70%가 넘는다. 낸드 플래시도 마찬가지다. 하지만 진짜 제국의 힘은 HBM에서 드러난다. HBM 시장에서 한국의 점유율은 90%를 넘는다. 엔비디아가 H100, H200 AI 칩을 만들려면 반드시 한국에서 HBM을 공급받아야 한다. AMD도, 구글도, 아마존도 마찬가지다. 이것이 제국의 정의다. 그들 없이는 세상이 돌아가지 않는 것.

2024년 12월 비상계엄령 당시를 떠올려 보자. 코스피는 2,360으로 급락했고, 삼성전자 주가도 5만 3,000원 아래로 떨어졌다. 외국인 투자자들은 한국 시장에서 빠져나갔고, 개인 투자자들은 공포에 질렸다. 하지만 삼성전자의 공장은 멈추지 않았다. SK하이닉스의 공장도 24시간 가동을 중단하지 않았다. 엔비디아는 여전히 HBM을 주문했고, SK하이닉스는 계속 납품했다. 정치적 혼란이 생산을 멈추게 할 수 없었다. 왜냐하면 전 세계 AI 산업이 한국의 HBM에 의존하고 있었기 때문이다. 시장은 그 사실을 이해하는데 14개월이 걸렸다. 2,360에서 6,300으로 160%나 올라간 코스피 상승분의 절반 이상은 반도체가 만들어 낸 것이다.

이 장에서는 반도체 제국의 현주소를 살펴볼 것이다. HBM 슈퍼사이클이 왜 일어났는지, 삼성전자와 SK하이닉스가 어떻게 다른지, 앞으로 무엇이 기대되는지, 어떻게 투자해야 하는지를 구체적으로 다룰 것이다. 그리고 반도체 밸류 체인 전체를 조망하며 메모리 외에 파운드리, 소재, 부품, 장비 분야의 기회도 살펴볼 것이다.

제국은 이미 강하다. 하지만 제국은 여전히 성장하고 있다. 그 성장에 동참하는 방법을 이 장에서 배우게 될 것이다.

4,000포인트 상승의 50%는 반도체에서 이뤘다

2024년 12월부터 2026년 2월 사이, 코스피는 2,360에서 6,300으로 상승했다. 약 4,000포인트 상승이다. 이 중 반도체가 기여한 부분은 얼마나 될까? 정확히 계산하기는 어렵지만, 대략적으로 추정할 수 있다. 삼성전자와 SK하이닉스 두 종목만으로 코스피 시가 총액의 약 40%를 차지한다. 같은 기간, 이들의 주가 상승률은 코스피를 훨씬 초과했다. 삼성전자는 약 3배, SK하이닉스는 약 6배 상승했다. 이것을 감안하면 코스피 상승분의 50% 이상이 반도체에서 나왔다고 봐야 한다.

왜 반도체가 이토록 강한가? 이유는 크게 세 가지다.

첫째, AI 혁명이다.

2022년 말, 챗GPT의 등장 이후 전 세계는 AI에 달려들었다. 구글, 마이크로소프트, 아마존, 메타는 수백억 달러를 AI 인프라에 쏟아부었다. 데이터 센터를 짓고, GPU(그래픽 처리 장치)를 사들이고, AI 모델을 훈련시켰다.

GPU의 심장은 HBM이다. HBM 없이는 AI 칩이 작동하지 않는다. 엔비디아에서 생산하는 H100 1장에는 약 6개의 HBM3 칩이 들어간다. H200에는 HBM3E가 들어간다. 그리고 2026년 생산될 엔비디아의 차세대 아키텍처 루빈에는 HBM4가 탑재될 예정이다. 그리고 이 HBM을 만들 수 있는 회사는 전 세계에 딱 세 곳, 삼성전자와 SK하이닉스, 그리고 마이크론뿐이다.

둘째, 공급 부족이다.

HBM은 만들기 어렵다. 여러 개의 D램 칩을 수직으로 쌓고, TSV(실리콘 관통 전극) 기술로 연결해야 한다. 그렇다 보니 수율을 높이기 어렵고, 생산 시간도 오래 걸린다. 삼성전자와 SK하이닉스가 공장을 풀가동해도 수요를 따라잡지 못한다. 엔비디아는 2025년 내내 "HBM 공급이 부족하다"라고 불평했다. AMD는 주문을 넣고도 납기를 기다려야 했다. 공급이 부족하면 가격이 오른다. HBM 가격은 2024년 대비 50% 이상 상승했다. 그리고 그 이익은 고스란히 삼성전자와 SK하이닉스로 돌아갔다.

셋째, 코리아 디스카운트의 해소다.

오랫동안 한국 기업들은 동일한 수준의 기술력을 가진 미국이나 유럽 기업보다 저평가를 받았다. 정치 리스크, 북한 문제, 재벌 지배 구조 등이 이유였다. 삼성전자의 PER(주가수익비율)은 글로벌 반도체 기업들의 절반 수준이었다.

하지만 2025년부터 달라졌다. 비상계엄령이라는 극한 상황 속에서도 삼성전자와 SK하이닉스는 제품 생산을 멈추지 않았다. 그 모습을 전 세계가 똑똑히 지켜보고 깨달았다. 한국 기업의 경쟁력이 정치적 상황과 무관하다는 사실을. HBM이라는 기술이 얼마나 중요한지를. 그러자 한국 기업에 대한 평가가 바뀌기 시작했다.

2025년 기준, 삼성전자와 SK하이닉스의 실적은 역대 최고 수준을 기록했다. 삼성전자는 2025년 영업이익 43조 원을 넘어섰다. SK하이닉스는 더 극적이다. 2023년에는 적자를 기록했지만 2024년에는 흑자로 돌아섰고, 2025년에는 47조 원 이상의 영업이익을 내며 삼성전자를 추월했다. 주가가 6배 오른 것은 실적이 뒷받침했기 때문이다.

실적 호조세는 계속될 것으로 보인다. AI 수요는 줄어들지 않을 테고, HBM 공급 부족은 당분간 지속될 것이며, 이에 따라 가격도 높은 수준을 유지할 것이기 때문이다.

연간 영업이익 추이(2023~2026년 전망)

연도	삼성전자(전사 기준)	하이닉스	비고
2023년(확정)	6조 5,700억 원	-7조 7,300억 원 (적자)	반도체 업황 악화 및 재고 누적
2024년(확정)	32조 7,300억 원	23조 4,700억 원 (흑자 전환)	HBM 및 DDR5 수요 회복 시작
2025년(확정)	43조 6,100억 원	47조 2,100억 원 (역대 최대)	SK하이닉스, 삼성전자 첫 추월
2026년(전망)	약 198조~320조 원	약 147조~230조 원	AI 반도체 슈퍼 사이클

HBM·AI 칩 슈퍼 사이클, 2030년까지 멈추지 않는다

HBM 슈퍼 사이클은 언제까지 계속될까? 이것이 투자자들의 가장 큰 궁금증이다. 2026년 현재, 대부분의 증권사 애널리스트들은 HBM 슈퍼 사이클이 "최소 2027년까지는 계속된다"라고 전망한다. 이는 보수적인 예측이다. 일부는 "2030년까지 갈 수 있다"라고 말하기도 한다. 근거는 명확하다. AI는 이제 막 시작됐기 때문이다.

챗GPT가 등장한 것은 2022년 말이다. 불과 3년 전이다. 그 이후로 세상은 빠르게 변했지만, 아직 AI는 초기 단계다. 지금 우리가 사용하는 AI는 대부분 클라우드 기반이다. 오픈AI, 구글, 마이크로소프트의 서버에서 돌아간다. 하지만 앞으로는 달라진다. AI가 스마트폰, 노트북, 자동차, 로봇, 가전제품 등 모든 기기에 들어간다. 이것을 '온디바이스 AI(On-Device AI)'라고 부른다. 온디바이스 AI도 메모리가 필요하다. 특히 고성능 AI는 HBM이 필수다. 애플은 이미 아이폰에 AI 칩을 탑재하기 시작했다. 삼성도, 샤오미도 이 흐름을 뒤따를 것이다. 스마트폰 시장만 해도 연간 출하량이 10억 대가 넘는다. 만약 그중 절반이 HBM을 탑재한다면 수요는 지금의 몇 배로 늘어난다.

데이터 센터 수요도 계속 증가한다. 엔비디아는 2026년에 B100, B200 시리즈를 출시할 예정이다. 이것은 H100보다 훨씬 더 많은 HBM을 필요로 한다. H100은 HBM3를 6개 사용했지만, B200은 HBM3E를 8개 사용한다. 칩 하나당 필요한 HBM이 30% 이상 늘어나는 것이다. 게다가 엔비디아만 AI 칩을 만드는 게 아니다.

AMD의 MI300 시리즈도 있고, 구글의 TPU도 있고, 아마존의 트레이니엄도 있다. 모두 HBM을 사용한다.

2025년 전 세계 HBM 시장은 규모는 약 200억 달러였다. 2027년에는 400억 달러, 2030년에는 800억 달러로 성장할 것으로 예상된다. 4년 만에 4배 성장이다.

그렇다면 공급은 이러한 수요를 어떻게 따라잡을까? 삼성전자와 SK하이닉스는 공격적으로 투자하고 있다. 삼성전자는 평택과 화성에 새로운 생산 라인을 증설하는 중이다. SK하이닉스는 이천과 청주에서 생산을 확대하고 있다. 이와 같은 생산 설비 투자로 2026년 하반기부터 생산량이 늘어날 것이다.

하지만 수요 증가 속도가 더 빠르다. 따라서 적어도 2027년까지는 공급 부족이 지속될 것으로 보인다. 공급 부족은 가격 상승을 의미한다. 가격 상승은 이익 증가로 이어진다. 이익 증가는 주가 상승과 연동된다. 이것이 슈퍼 사이클의 메커니즘이다.

반도체주의 리스크 요인

첫째, 기술 경쟁이다.

마이크론도 HBM 시장에 진입하고 있다. 2025년에는 점유율이 미미했지만, 2026년부터는 본격적으로 공급을 시작한다. 중국의 YMTC도 HBM을 개발하는 중이다. 아직 기술 수준은 한국에 못 미치지만, 언젠가는 따라잡을 수 있다.

AI 붐이 영원히 계속되지는 않을 것이다. 언젠가는 정점에 도달하고, 둔화될 것이다.

공급이 늘어나면 가격은 떨어진다. 2028년이나 2029년쯤에는 HBM 공급 과잉이 올 수도 있다. 그렇게 되면 이익이 줄고, 주가도 조정받을 것이다.

하지만 2026년 현재로서는 리스크보다 기회가 더 크다. 슈퍼 사이클이 최소 1~2년은 더 이어질 전망이고, 삼성전자와 SK하이닉스의 실적은 계속 좋을 것이며, 주가도 추가 상승 여력이 충분하다. 물론 단기 조정은 생길 수 있다. 주가가 너무 빠르게 올랐기 때문이다. 하지만 이때의 조정은 매수 기회로 활용해야 한다. 제국은 쉽게 무너지지 않는다.

삼성전자와 SK하이닉스, 아직 저평가다

삼성전자 주가가 20만 원이다. "20만전자"가 현실이 된 것이다. 그렇다면 다음 목표는 무엇인가? 증권가에서는 이제 "30만전자"를 이야기한다. 황당하게 들릴 수 있지만, 근거는 있다.

증권가에서 전망하는 삼성전자의 2026년 예상 순이익은 약 150조 원이다. 이것을 PER 10배로 평가하면 시가 총액은 1,500조 원이다. 2026년 3월 삼성전자의 시가 총액이 약 1,000조 원이므로, 이 예상에 따르면 50% 정도 더 오를 여지가 있다. PER 10배라는 수치는 글로벌 반도체 기업들의 PER과 견주면 현저하게 낮은 편이다. 엔비디아의 PER은 30배가 넘는다. TSMC의 PER은 25배다. ASML의 PER은 40배가 넘는다. 글로벌 반도체 기업들의 PER은 대부분 20배 이상이다. 만일 삼성전자가 PER 20배를 달성한다면, 주가는 50만 원을 넘어야 맞다. 물론 이것은 낙관적 시나리오다. 보수적으로 보면 삼성전자 주가는 현재 수준에서 횡보하거나 소폭 상승하는 게 합리적이다. 하지만 중요한 것은 하방은 제한적이라는 점이다. 즉, 삼성전자 주가가 15만 원 아래로 떨어질 가능성은 낮다. 왜냐하면 실적이 뒷받침하기 때문이다.

SK하이닉스는 더 극적이다. "100만닉스"가 이미 현실이 됐다. 2023년 초 8만 원대였던 주가가 10배 이상 올랐다. 믿기지 않는 상승이다. 그렇다면 여기서 끝인가? 일부 애널리스트들은 "150만 원도 가능하다"라고 본다. 근거는 HBM 독점이다. SK하이닉스는 HBM 시장에서 삼성전자보다 앞선 위치다. 엔비디아는 SK하이닉스의 HBM을 선호한다. SK하이닉스의 HBM3E는 삼성전자보다 6개월 빠르게 양산에 성공했다. 이 선도 우위는 당분간 계속될 것이다.

2026년 SK하이닉스의 순이익은 약 100조 원에 육박할 것으로 예상된다. 이것을 PER 10배로 평가하면 시가 총액은 1,000조 원이다. 2026년 3월 SK하이닉스의 시가 총액이 약 650조 원이므로 주가는 50% 더 오를 여지가 있다.

삼성전자 주가(2024~2026년)

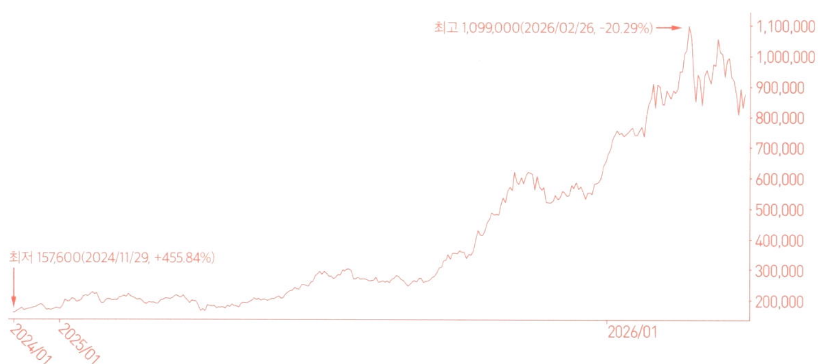

SK하이닉스 주가(2024~2026년)

제국의 뒤를 떠받치는 소재·부품·장비

반도체 제국은 삼성전자와 SK하이닉스만이 아니다. 그들을 둘러싼 거대한 밸류 체인이 존재한다. 소재를 공급하는 기업, 부품을 납품하는 기업, 장비를 만드는 기업 등이 여기에 포함된다. 이들을 한

데 묶어 흔히 '소부장'이라고 부른다.

이들도 반도체 슈퍼 사이클의 수혜를 받는다. 어떤 경우에는 삼성전자나 SK하이닉스보다 더 큰 수익률을 기록하기도 한다. 왜냐하면 밸류 체인 기업들은 시가 총액이 작고, 주목을 덜 받기 때문이다. 저평가되어 있다기 실적이 개선되면 폭발적으로 주가가 오른다.

소재: 공장을 돌릴수록 좋다

소재는 반도체 공정이 실제로 돌아갈 때 반복적으로 투입되는 화학 물질이다. 웨이퍼 위에 회로를 그리고, 불필요한 부분을 깎아 내고, 표면을 세정하고, 박막을 형성하는 모든 과정에서 각종 화학 소재가 쓰인다. 이 때문에 소재 기업은 장비 기업보다 실적이 상대적으로 안정적인 경우가 많고, 반대로 공장 가동률 변화에는 더 민감하게 반응한다. 공장 가동이 멈추면 바로 수요가 줄고, 풀가동에 가까울수록 매출이 안정적으로 발생하는 구조다. 특히 미세 공정으로 갈수록 고순도와 정밀 제어가 중요해지기 때문에 소재는 단순한 소모품이 아니라 공정 성능과 수율을 좌우하는 핵심 기술재다.

노광·식각·세정 공정에서 가장 대표적인 기업으로는 동진쎄미켐, 솔브레인, 램테크놀러지를 꼽을 수 있다. 동진쎄미켐은 감광액인 포토레지스트(PR) 분야에서 국내 대표 주자로 평가받는다. 포토레지스트는 회로 패턴을 웨이퍼 위에 형성하는 노광 공정의 핵심 소재로, 동진쎄미켐은 국내 최초의 국산화 성과를 바탕으로 이 분야의 상징적인 기업으로 자리 잡았다. 솔브레인은 공식적으로 식각

액과 세정액, CMP 슬러리, 전구체 등 반도체 핵심 공정용 화학 재료를 공급한다고 밝히고 있으며, 특히 식각·세정 부문에서 고기능 솔루션을 제공하고 있다. 램테크놀러지는 공식 홈페이지에서 반도체와 HBM, 디스플레이 공정에 사용되는 식각액, 박리액, 세정액 등을 제조하는 화학 소재 전문 기업이라고 소개한다. 이 세 기업은 공정을 실제로 굴리는 데 필요한 화학 소재의 핵심 축을 이루는 셈이다.

특수 가스 영역도 빼놓을 수 없다. 반도체 공정은 극도로 높은 순도의 가스를 필요로 하며, 증착·식각·세정 등 다양한 단계에서 특수 가스가 쓰인다. 원익머트리얼즈는 고순도 특수 가스와 화학 물질 분야의 대표 기업이고, 후성은 WF6, C4F6, 고순도 HF 등 불소계 특수 가스를 공급하는 기업으로 분류된다. 특수 가스는 눈에 띄지 않지만, 미세화가 진전될수록 오염 허용치가 낮아지고 공정 제어가 까다로워지기 때문에 산업 내 전략적 가치가 더 커진다.

정리하면 소재는 반도체 업황이 회복되어 공장 가동률이 올라갈 때 가장 꾸준하게 수혜를 받는 영역이다. 장비처럼 매출이 한 번에 큰 폭으로 튀는 구조는 아니지만, 라인이 안정적으로 가동되기 시작하면 반복 매출이 쌓인다. 그래서 소재 기업은 반도체 산업에서 흔히 말하는 '공장을 돌릴 때 수혜'를 가장 잘 보여 주는 영역이다.

부품: 소모성 필수품

부품은 장비 안에서 소모되거나 완성된 칩을 검사하고 연결하는

데 쓰이는 필수 요소다. 소재가 화학적으로 공정을 지원한다면 부품은 물리적으로 공정과 검사를 떠받친다. 겉으로는 잘 드러나지 않지만, 부품이 없으면 생산 라인은 돌아가지 않는다. 특히 반도체 부품은 일반 제조업의 범용 부품과 다르다. 높은 열, 플라스마, 미세 전기 신호, 극한의 정밀도 같은 환경을 견뎌야 하기 때문에 기술 장벽이 높고 고객사의 인증 과정도 길다. 한 번 채택되면 쉽게 교체되지 않는다는 점도 중요한 특징이다.

가장 대표적인 영역은 테스트 부품이다. 반도체는 생산이 끝났다고 바로 출하되는 제품이 아니다. 칩 하나하나가 설계대로 전기 신호를 전달하는지, 열과 속도 조건에서 안정적으로 동작하는지 반드시 검사해야 한다. 이때 필요한 것이 테스트 핀과 테스트 소켓이다. 리노공업은 IC 제조와 테스트, 분석 공정에 필요한 핵심 테스트 부품을 만드는 기업으로, 다양한 테스트 소켓과 프로브 제품군을 갖추고 있다. 이른바 '리노핀'으로 대표되는 테스트용 핀·소켓 분야의 강자로 평가받는 이유다. ISC 역시 메모리와 비메모리 테스트용 소켓 솔루션을 공급하는 기업이며, 실리콘 러버 소켓 분야에서 높은 시장 지위를 확보한 기업으로 자주 거론된다. AI 반도체와 고성능 칩이 늘어날수록 테스트 조건도 더 까다로워지기 때문에, 이런 테스트 부품 기업들의 중요성은 앞으로 더 커질 가능성이 높다.

다음은 패키지 기판이다. 칩이 아무리 뛰어나도 혼자서는 작동할 수 없다. 반도체 칩이 메인 보드와 전기적으로 연결되고, 외부 시스템과 신호를 주고받기 위해서는 그 사이를 이어 주는 정밀 기판이 필요하다. 이 역할을 하는 것이 패키지 기판이며, 흔히 반도체의 '다리'에 비유된다. 코리아써키트는 반도체와 메인 보드 사이에서 전기적 신호 전달을 담당하는 핵심 기판 생산 기업이고, 대덕전자는 FC-BGA 등 고다층 첨단 패키지 기판을 공급하는 대표 업체다. 또한 삼성전기는 서버와 AI, 고성능 컴퓨팅에 들어가는 FC-BGA 분야의 대표 주자로 꼽힌다. 반도체 성능 경쟁이 칩 자체를 넘어 패키징 경쟁으로 옮겨 가고 있는 만큼 패키지 기판 기업은 앞으로 단순 PCB 업체가 아니라 첨단 패키징 밸류 체인의 핵심 플레이어로 봐야 한다.

공정 부품도 중요하다. 식각 장비 내부에서는 고열과 플라스마 환경에서 웨이퍼를 안정적으로 고정하고 보호하는 부품이 필요하다. 티씨케이는 공식 홈페이지에서 CVD 실리콘 카바이드(SiC) 부품을 공급하며, 공식적으로 건식 식각 장비와 확산 공정 챔버용 부품의 수명 연장과 수율 개선에 기여한다고 설명한다. 여기에는 SiC 링이 포함되며, 내화학성, 긴 수명, 열 변형이 적다는 특성이 강조된다. 하나머티리얼즈도 실리콘과 실리콘 카바이드 계열 부품 영역에서 함께 거론되는 기업이다. 이런 공정 부품은 장비 가격 대비 비중은 작아 보일 수 있지만, 실제 양산 수율과 교체 주기에 직결되기 때문에 반도체 생산 라인에서는 결코 가벼운 존재가 아니다.

부품은 소부장 가운데서도 가장 '조용하지만 강한' 영역이다. 완성품 기업의 브랜드는 잘 알려져도 그 뒤에서 테스트를 책임지고,

신호를 이어 주고, 공정 챔버 안에서 수율을 지키는 것은 이런 부품 기업들이다. 그래서 부품은 한마디로 소모성 필수재라고 부를 수 있다.

장비: 공장을 지을 때 좋다

장비는 반도체 소부장의 정점에 있다. 회로를 만들고, 박막을 입히고, 식각하고, 계측하고, 패키징하고, 검사하는 모든 공정은 장비 없이는 성립하지 않는다. 반도체 장비 산업은 수많은 소부장 분야 중에서도 기술적 진입 장벽이 가장 높다. 고객사 인증이 길고, 공정 미세화가 진행될수록 장비 성능의 미세한 차이가 수율과 직결되기 때문이다. 그래서 신규 공장 증설이나 대규모 설비 투자가 시작되면 가장 먼저 수혜를 받는 분야가 장비다. 다시 말해 장비는 '공장을 지을 때 수혜'를 대표하는 영역이다.

전공정 장비부터 보면, 회로 형성의 핵심은 증착·식각·계측이다. 원익IPS와 주성엔지니어링은 대표적인 증착 장비 기업으로 꼽힌다. 원익IPS는 CVD 기반 증착 장비를 중심으로 반도체 전공정 장비 포트폴리오를 보유하고 있으며, 주성엔지니어링은 공식 자료에서 ALD·CVD 장비가 초미세 D램, 200단 이상의 3D 낸드, 10nm 이하 로직 공정에서도 균일한 막질 형성을 가능하게 한다고 설명한다. 미세화가 진전되고 3D 구조가 복잡해질수록 이런 증착 장비의 중요성은 더욱 커진다.

전공정 장비 안에서 독보적인 위치를 가진 기업으로는 HPSP가 있다. HPSP는 공식적으로 고압 수소 어닐링 장비를 공급한다고 소개하며, 자사 기술이 세계 최초이자 유일한 수준의 고압 수소 어닐링 장비라고 강조한다. 어닐링은 미세 공정에서 발생하는 계면 결함을 줄이고 수율과 신뢰성을 끌어올리는 데 중요한 단계다. 공정 선단화가 진행될수록 결함 하나의 영향력이 커지는 만큼, 이런 독자 장비를 가진 기업은 밸류 체인 안에서 매우 높은 전략적 가치를 가진다.

정밀 계측 분야에서는 파크시스템스가 눈에 띈다. 파크시스템스는 산업용 AFM(원자 현미경) 기반으로 웨이퍼 제조 공정, 마스크 수리, 첨단 패키징, 연구 개발 등 다양한 영역에서 활용되는 계측 장비를 공급한다. 반도체가 점점 더 작고 복잡해질수록 눈에 보이지 않는 수준의 표면 형상과 결함을 얼마나 정밀하게 측정하느냐가 수율을 가른다. 그런 점에서 파크시스템스는 나노 단위 정밀 계측의 핵심 기업으로 볼 수 있다.

후공정 장비에서는 최근 HBM과 첨단 패키징이 가장 중요한 화두다. 여기서 대표 기업은 단연 한미반도체다. 한미반도체는 공식 제품 라인업에서 HBM TC 본더를 전면에 내세우고 있다. HBM은 여러 개의 메모리 다이를 고도로 적층하는 구조이기 때문에 이를 얼마나 정밀하고 빠르게 접합하느냐가 경쟁력의 핵심이다. 그래서 TC 본더는 HBM 시대의 필수 장비로 평가받는데, 한미반도체는 이 흐름의 중심에 있는 기업으로 거론된다.

구글의 터보퀀트는 위협인가?

2026년 3월 24일, 구글이 '터보퀀트(TurboQuant)'를 발표했다. AI 모델이 사용하는 메모리를 최대 20분의 1까지 압축할 수 있다는 기술이었다. 시장은 즉각 반응했다. 삼성전자와 SK하이닉스 주가가 급락했다. 메모리 수요가 줄어들 것이라는 공포가 순식간에 주가를 끌어내렸다. 이것은 이란 전쟁과는 별개의 이슈였다.

그러나 이 공포는 반쪽짜리 논리에서 비롯됐다. 역사가 반대의 증거를 제시한다. 경제학에는 '제본스의 역설'이라는 개념이 있다. 석탄 엔진의 효율이 높아지면 석탄 소비가 줄어들 것 같지만, 실제로는 사용 비용이 낮아진 덕분에 석탄 채택이 폭발적으로 늘어나 총수요가 오히려 증가했다는 19세기의 관찰에서 도출된 주장이다.

터보퀀트가 정확히 그 구조를 따른다. AI를 실행하는 비용이 낮아지면 개발자들은 더 많은 서비스에 AI를 심는다. 과거에는 고가의 서버에서만 돌아가던 AI 모델이 스마트폰과 PC에서도 작동하게 되면, AI는 특수한 기능이 아니라 전기나 수도처럼 모든 앱에 탑재되는 기본 인프라가 된다. 사용 빈도가 폭발하면 처리해야 할 연산의 총량은 오히려 기하급수적으로 늘어난다.

메모리 수요의 성격이 바뀔 뿐, 줄어들지는 않는다. 물론 개별 모델 하나가 쓰는 메모리는 줄어들 수 있다. 그러나 수백만 개의 AI 앱이 동시에 돌아가는 세상에서 필요한 것은 용량보다 속도다. 더 빠른 대역폭을 가진 HBM4, 더 낮은 전력으로 구동되는 차세대 메모리 솔루션에 대한 수요는 오히려 커진다. 글로벌 투자 은행 중 하나인 모건 스탠리도 같은 결론을 내렸다. 터보퀀트 같은 효율화 기술은 메모리 제조사에 위기가 아니라 시장의 파이 자체를 키워 주는 우군이라는 것이다.

주가는 공포에 즉각 반응했지만, 기업 가치는 공포와 다른 방향을 가리키고 있다. 터보퀀트 발표 직전인 3월 16일, 젠슨 황 엔비디아 CEO는 GTC 2026 기조연설에서 "지난 2년간 컴퓨팅 수요가 100만 배 증가했다"라고 선언했다. AI 칩 수요가 2027년까지 1조 달러에 달할 것이라는 전망도 내놓았다. 효율화 기술이 나올수록 AI의 저변은 넓어지고, 저변이 넓어질수록 반도체 수요의 천장은 더 높아진다. 터보퀀트 쇼크로 눌린 삼성전자와 SK하이닉스의 주가는 단기 노이즈일 뿐, 구조적 방향은 변하지 않았다.

반도체의 새로운 캐시 카우, AI 군산 복합체

많은 사람이 이란 전쟁과 반도체가 별 상관이 없다고 생각한다. 이란 전쟁이 일어나도 반도체 생산에는 문제가 없으며, AI의 발전은 전쟁과 무관하게 이뤄질 것이라고 한다. 즉, 시장의 논리는 '이란 전쟁과 반도체는 무관하기 때문에 영향이 없다'는 쪽이다. 그러나 이것은 미국의 AI 군산 복합체에 대한 무지에서 비롯된 시각이다.

아주 오래전부터 미국은 세계 최강의 군사력을 가지고도 늘 조기에 전쟁을 끝내지 못했다. 정확히 말하면 못한 게 아니라 안 한 것이다. 어느 나라든 몇 시간 안에 초토화할 수 있는 강력한 군사력을 가진 미국이 별다른 무기도 없는 국가들을 상대로 고전했다. 2001년 시작된 아프가니스탄 전쟁은 20년이 지난 2021년에 끝났고, 2003년 시작된 이라크 전쟁은 2011년에 종전했다. 미국은 마음만 먹으면 당장 전쟁을 끝낼 수 있는데도 전쟁을 길게 치른다.

그 이유는 무엇일까? 그것은 미국이 수행하는 전쟁이 군산 복합체의 이익에 부합하기 때문이다. 군산 복합체는 미국 정치권에 어마어마한 로비 자금을 뿌리며 자신들의 입지를 공고히 하고 있다. 2025년 미국의 국방 관련 로비 지출액은 2억 9,330만 달러로 역대 최고치를 기록했다. 이것은 2024년 2억 3,500만 달러보다 25%가량 증가한 것이다. 이 같은 로비를 주도하는 것은 이른바 '빅 파이브'로 불리는 록히드 마틴, RTX, 제너럴 다이내믹스, 보잉, 노스롭 그루먼 등이다. 장기전은 이들에게 더할 나위 없는 선물이나 마찬가지다.

그리고 미국은 2027 회계 연도의 국방 예산을 전년 대비 무려 40% 이상 대폭 증가한 1조 5,000억 달러로 책정할 계획이다. 이는 한화로 2,000조 원에 달하는 어마어마한 금액이다. 미국을 흔히 '천조국'이라는 별명으로 부르는데 이는 예전에 미국의 한 해 국방 예산이 1,000조 원이라는 데서 비롯된 것이다. 그런데 이란 전쟁으로 인해 이제는 '이천조국'이 될 전망이다.

그런데 이란 전쟁에서 달라진 점이 있다. 전통적인 무기 제조업체에 이어 AI 빅테크 기업이 군산 복합체에 합류하게 된 것이다. 막대한 국방 예산이 AI에 투입되면서 초래된 결과다. 미국 전쟁부(DOW)의 2026년 IT 예산은 660억 달러에 달한다. 오픈AI, 구글,

xAI 등은 AI 모델과 기술을 제공한다. 아마존 AWS와 마이크로소프트는 클라우드를 제공하고, 팔란티어가 데이터 분석과 의사 결정 시스템을 구축하는 식이다. 미국 전쟁부는 이들 빅테크와 엄청난 규모의 계약을 맺으며 AI 빅테크의 주요 고객으로 떠올랐다. 아직까지는 빅테크 전체에서 국방이 차지하는 비중이 작지만 이란 전쟁 같은 대규모 전쟁은 이런 현상을 가속화한다. 이것이 바로 AI 군산 복합체의 모습이다.

이란 전쟁이 있기 직전까지 시장은 AI 버블론에 시달렸다. 2025년 말부터 서서히 고개를 들기 시작한 AI 버블론은 기업들이 AI 인프라에 투자한 돈을 회수하지 못할 수도 있다는 우려에서 비롯됐다. 다들 경쟁적으로 GPU나 데이터 센터에 돈을 쏟아붓고 있지만, 투자 대비 수익(ROI)이 과연 그만큼 나올까 하는 의구심이 싹텄다. 바로 그 우려를 씻을 수 있도록 만드는 게 AI 군산 복합체다. 빅테크들은 민간 분야의 성장이 둔화되더라도 국방 분야에서 전쟁과 관련된 역할을 수행하고 안정적으로 캐시 카우(Cash Cow, 항상 일정한 현금 흐름을 가져다주는 확실한 수익원)를 확보할 수 있다. 당연히 반도체 수요도 안정적일 수밖에 없다.

따라서 반도체를 '전쟁과 무관한 것'이라고 생각하는 것은 완전한 착각이다. AI가 지배하는 현대전에서 반도체는 전력의 핵심이다. 미국은 해마다 증액된 국방 예산을 빅테크 기업에 쏟아부을 것이고, 그 돈은 결국 반도체 업체들로 간다. 이것이 현대 전쟁의 경제학이다.

TSMC 파운드리 독점이 흔들린다

지금까지 설명한 것은 삼성전자와 SK하이닉스의 메모리 반도체에 대한 것이었다. 세계 반도체 시장은 크게 메모리 반도체와 비메모리 반도체(파운드리)로 나뉘어 있는데, 삼성전자와 SK하이닉스는 메모리 반도체 분야에서 독보적인 지위를 차지하며 제국을 건설했다. 파운드리에서는 대만의 TSMC가 절대적인 위치를 차지하고 있다.

그런데 최근 이 구도에 미세한 변화가 감지되기 시작했다. 테슬라가 새롭게 선보인 AI 칩 AI5가 TSMC와 삼성전자의 파운드리 라인에서 생산되기 때문이다. 그동안 테슬라의 자율주행 반도체 물량은 TSMC가 독점해 왔다. 그러나 AI5 칩부터는 이 구도가 깨지게 됐다. 테슬라 입장에서는 하나의 공급망에만 의존하기보다는 공급망을 분산시키는 것이 더 안전하고, 폭발하는 AI 칩 수요에도 대응할 수 있다. 테슬라의 AI5는 향후 테슬라의 자율주행과 휴머노이드 등 모든 분야에서 중요하게 사용될 자체 반도체라는 점에서 기대를 모으고 있다.

물론 아직은 파운드리 분야에서 TSMC에게 뒤처지고 있지만, 이 상징적인 사건으로 향후 발전이 기대되는 상황이다. 추후 발표될 AI6 칩도 삼성전자가 생산할 예정이라 수년째 적자를 기록하고 있는 삼성전자의 파운드리 부문이 흑자 전환할 수 있을지가 관건이다. 만약 파운드리마저 살아난다면, 이는 한국 반도체 업계에 또 하나의 날개를 달아 줄 것이다. 어차피 파운드리는 투자자들의 기대

범위에서 벗어나 있기 때문에 파운드리의 실적 개선은 서프라이즈
가 될 수 있다. 혹시 잘 안 되더라도 애초에 파운드리에 대한 기대
감으로 한국 반도체에 투자하는 것이 아니기 때문에 밑져야 본전
인 상황이다.

반도체 제국은 강하다. 2024년 비상계엄령의 충격 속에서도 무너
지지 않았다. 아니, 오히려 더 강해졌다. 2026년 현재, 삼성전자와
SK하이닉스는 역사상 가장 높은 실적을 기록하고 있다. HBM 슈퍼
사이클은 최소 1~2년 더 계속될 것이다. 주가도 추가 상승 여력이
있다. 그러므로 이 다섯 가지 조언을 꼭 기억하라.
제국에 투자하라. 장기 보유하라. 조정이 오면 더 사라. 신기술
영토 확장을 주시하라. 밸류 체인도 선별적으로 공략하라.
그러면 당신은 반도체 제국의 성장에 동참할 수 있을 것이다. 그
리고 그 보상은 상상을 초월할 것이다.

반도체 종목 지도

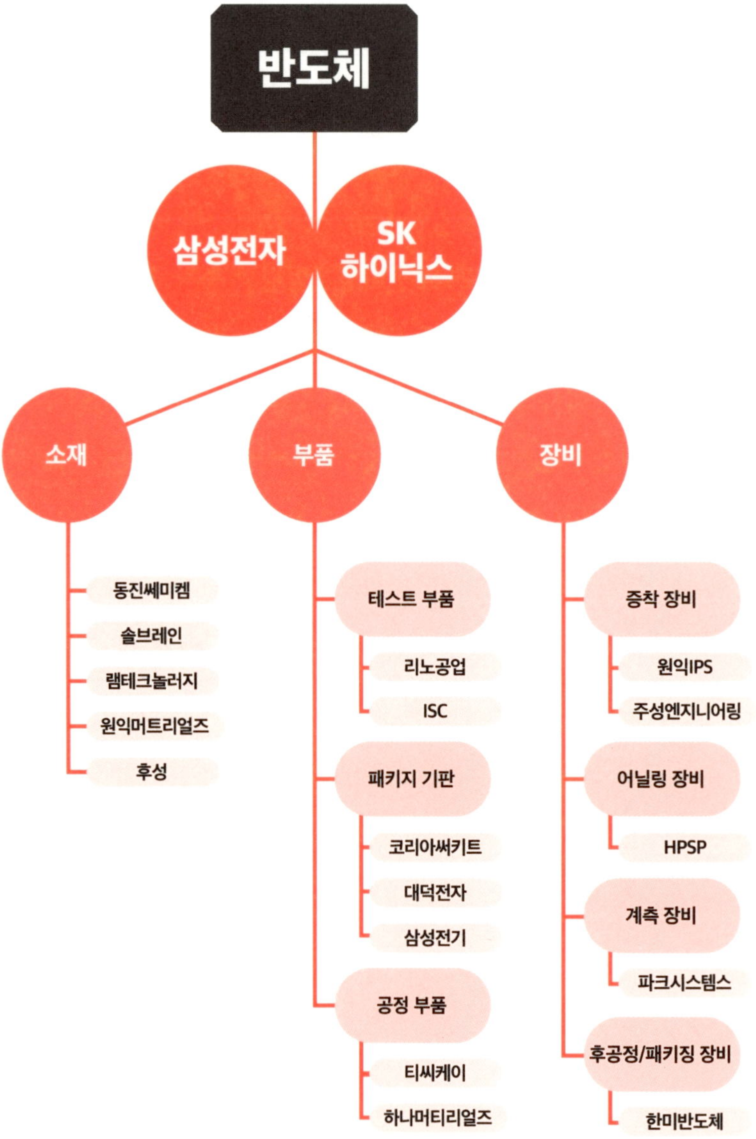

반도체

삼성전자
SK 하이닉스

소재
부품
장비

동진쎄미켐
솔브레인
램테크놀러지
원익머트리얼즈
후성

테스트 부품
리노공업
ISC

패키지 기판
코리아써키트
대덕전자
삼성전기

공정 부품
티씨케이
하나머티리얼즈

증착 장비
원익IPS
주성엔지니어링

어닐링 장비
HPSP

계측 장비
파크시스템스

후공정/패키징 장비
한미반도체

반도체 코스피·코스닥 투자 판단표

시장	기업	종목 코드	투자 포인트	ACTION
코스피	삼성전자	005930	HBM 점유율 우위, 실적 최고 수준, 하방 제한 AI 인프라 투자 확대 수혜	●
코스피	SK하이닉스	000660	HBM 선도 우위, 공급 부족 수혜, 실적 급증 HBM 수요 폭증, 가격 상승 지속	●
코스닥	동진쎄미켐	005290	노광 공정 핵심 소재, 공장 가동률 상승 수혜	○
코스닥	솔브레인	357780	공정 화학 소재 핵심, 반복 매출 구조	○
코스닥	램테크놀러지	171010	공정 필수 화학 소재 수요	○
코스닥	원익머트리얼즈	104830	고순도 가스 수요 확대	○
코스피	후성	093370	미세 공정 특수 가스 중요성 확대	○
코스닥	리노공업	058470	테스트 수요 증가, 고성능 칩 검사 중요성	○
코스닥	ISC	095340	메모리·비메모리 테스트 수요 확대	○
코스피	코리아써키트	007810	전기 신호 전달 핵심 기판	○
코스피	대덕전자	353200	첨단 패키징 수요 증가	○
코스피	삼성전기	009150	AI·서버용 패키징 확대	○
코스닥	티씨케이	064760	수율·수명 개선 핵심 부품	○
코스닥	하나머티리얼즈	166090	양산 수율·교체 주기 영향	○
코스닥	원익IPS	240810	설비 투자 확대 수혜	○
코스닥	주성엔지니어링	036930	미세 공정·3D 구조 수요 확대	○
코스닥	HPSP	403870	수율·신뢰성 개선 핵심 장비	○
코스닥	파크시스템스	140860	나노 단위 정밀 계측 수요	○
코스피	한미반도체	042700	HBM 적층 핵심 장비	○

CHAPTER 2

조선
수주 잔고 세계 1위

왕국

2026년 2월 28일, 미국은 이란을 공격했다. 작전명 '장대한 분노'와 '포효하는 사자'가 시작된 것이다. 페르시아만 상공에서 발진한 B-2 스텔스 폭격기들이 테헤란 인근 군사 시설과 나탄즈 핵 시설을 타격했다. 토마호크 순항 미사일 100여 발이 이란 이슬람혁명수비대 기지를 강타했다.

이란은 즉각 반격했다. 호르무즈 해협을 봉쇄하고, 이스라엘과 사우디아라비아 주요 도시에 탄도 미사일을 발사했다. 2003년 3월 20일 발발한 이라크 전쟁 이후 23년 만에 미국이 다시 중동 전쟁에 깊이 개입한 순간이었다.

세계는 충격에 빠졌다. 국제 유가는 배럴당 100달러를 돌파하며

40% 이상 급등했다. 해상 운임도 뛰었다. 항공편이 취소됐고, 글로벌 공급망이 다시 한번 마비 위기에 직면했다. 호르무즈 해협은 사실상 봉쇄됐고, 하루 2,100만 배럴의 원유가 국제 이동을 멈춰 섰다. 세계 경제는 또다시 에너지 위기를 걱정하기 시작했다. 하지만 한국 조선업 입장에서 이것은 위기가 아니었다. 기회였다.

왜 이란인가? 중동 40년 갈등

이란 전쟁을 이해하려면 중동의 지정학을 알아야 한다. 중동은 단순한 지역이 아니다. 인류 문명의 에너지 심장이다. 전 세계 원유 매장량의 48%, 천연가스 매장량의 38%가 이곳에 집중돼 있다. 그 에너지가 세계로 나가는 관문이 호르무즈 해협이다.

호르무즈 해협은 폭이 가장 좁은 곳의 너비가 불과 33km다. 서울 강남과 인천 공항 사이의 거리보다 짧다. 이 좁은 해협을 통해 하루 2,100만 배럴의 원유가 수송된다. 전 세계 원유 해상 수송량의 21%, 아시아로 가는 원유의 절반 이상이다. 한국이 수입하는 원유의 70%도 호르무즈 해협을 거친다. 만약 이 해협이 막히면 일본은 90일, 한국은 60일 안에 석유 비축분이 바닥난다. 중국도 마찬가지다. 인도, 유럽도 타격을 입는다. 호르무즈 해협은 세계 경제의 목줄이다.

그리고 이란은 그 목줄을 쥔 나라다. 이란은 호르무즈 해협의 북쪽 해안을 완전히 장악하고 있다. 이곳에는 이슬람혁명수비대 해군 기지가 즐비하고, 대함 미사일 기지가 곳곳에 배치돼 있다.

이란과 미국의 갈등은 1979년으로 거슬러 올라간다. 당시 이란 이슬람 혁명으로 친미 왕정이 무너지고, 반미 이슬람 정권이 들어섰다. 혁명 직후 이란 대학생들은 테헤란 주재 미국 대사관을 점거하고 52명의 미국인을 444일간 인질로 붙잡았다. 미국과 이란은 그때부터 국교를 단절했고, 지금까지 47년간 적대 관계를 유지하고 있다.

문제는 이란이 단순한 적국이 아니라는 점이다. 이란은 중동에서 가장 강력한 군사력과 많은 인구(약 8,900만 명)를 보유한 지역 강국이다. 그리고 핵무기 개발을 추진해 왔다. 2015년 오바마 행정부는 이란과 핵 합의(JCPOA)를 맺어 이란의 핵 개발을 동결하는 대신 경제 제재를 완화했다.

그러나 2018년 트럼프 행정부는 이 합의를 일방적으로 파기하고 제재를 재개했다. 이란은 반발했고, 다시 우라늄 농축을 시작했다. 2024년 말 기준, 이란은 핵무기 제조가 가능한 고농축 우라늄을 이미 60kg 이상 보유한 것으로 추정됐다. 핵폭탄 1개를 만드는 데 필요한 우라늄 양이 25kg이다. 이란은 사실상 핵무기 문턱(Threshold) 국가가 됐다.

이스라엘은 이를 용납할 수 없었다. 이란은 공개적으로 "이스라엘을 지도에서 지워야 한다"라고 선언해 왔고, 레바논의 헤즈볼라, 예멘의 후티 반군, 시리아 정권을 지원하며 이스라엘을 포위했다. 2025년 10월, 이란이 지원하는 후티 반군이 홍해에서 이스라엘 선박을 공격했다. 긴장이 최고조에 달했다. 이스라엘은 단독으로 이란 핵 시설 타격을 준비했고, 미국은 이스라엘을 지원하기로 결정했다. 2026년 2월 28일, 마침내 공격이 시작됐다.

2003년 3월 20일, 미국은 이라크를 침공했다. "대량 살상 무기(WMD)를 보유했다"라는 명분이었다. 그러나 전쟁은 재앙이었다. WMD는 발견되지 않았고, 이라크는 내전에 빠졌다. 미군은 8년간 이라크 땅에 주둔했고, 그 기간 중 약 4,500명의 미군이 사망했다. 전쟁 비용은 2조 달러를 넘어섰다. 미국은 중동에서 신뢰를 잃었고, 이후 오바마·트럼프·바이든 행정부 모두 중동 개입을 최소화하는 정책을 펼쳤다.

그런데 2026년, 미국이 다시 돌아왔다. 23년 만이다. 그 배경에는 여러 가지 해석이 있지만, 어쨌든 명분은 이란의 핵 위협 제거였다. 이번 전쟁은 이라크 전쟁 때와 다르다. 이란은 이라크보다 영토가 약 3배 넓고, 인구는 약 2배 많다. 군사력도 훨씬 강하다. 미국은 지상군 투입 없이 공습과 해상 봉쇄로 전쟁을 제한하려 하지만, 이란은 호르무즈 해협 봉쇄와 미사일 공격으로 맞서고 있다. 전쟁은 장기화될 가능성이 크다.

전쟁이 바꾼 경제 지형, 유가와 운임의 폭발적 상승

전쟁 직후 유가는 급등했다. 호르무즈 해협이 막히면서 하루 2,100만 배럴의 원유 수송이 멈췄기 때문이다. 일부 선사들은 호르무즈 해협으로 가는 것을 포기하고 아프리카 희망봉을 돌아가는 우회

항로를 택했다. 페르시아만에서 아시아로 오는 항로는 보통 12일이 걸린다. 그런데 희망봉을 돌면 28일이 걸린다. 항해 거리가 30% 늘어나고, 운송 시간도 2주 더 걸린다. 연료비도 40% 증가한다.

결과는 명확했다. 해상 운임이 폭등했다. 상하이발 유럽 항로의 컨테이너 운임(40피트 기준)은 2025년 12월 2,500달리 수준에서 2026년 3월 초 5,200달러로 2배 이상 뛰었다. 원유 운송비(VLCC, 초대형 유조선 기준)도 하루 용선료가 5만 달러에서 12만 달러로 급등했다. 선사들은 비명을 질렀다. 동시에 계산기를 두드렸다.

운임이 이렇게 높으면 새로운 배를 발주해도 2년 안에 본전을 뽑을 수 있었다. 게다가 기존 선박 중 상당수가 20년 이상 노후화되어 연료 효율이 떨어졌고, 국제해사기구(IMO)의 친환경 규제도 통과하지 못했다. 선박 교체 수요가 폭발적으로 늘어날 수밖에 없었다. 게다가 전쟁으로 선박 운항 리스크도 높아졌다. 자칫하면 선박이 나포되거나 공격받을 수 있었다. 따라서 선사들은 더 많은 예비 선박이 필요했다. 기존에 10척으로 충분했다면, 이제는 12척은 있어야 했다. 리스크를 분산하기 위해서다. 이제 한국 조선 3사, 즉 HD한국조선해양, 삼성중공업, 한화오션의 추가 수주가 기대되는 상황이다.

전쟁 이전에 AI가 있었다

흥미로운 점은 이란 전쟁이 발발하기 전부터 한국 조선업은 이미 호황이었다는 사실이다. 주인공은 AI였다.

이야기는 2025년 초로 거슬러 올라간다. 챗GPT 이후 전 세계는 AI에 열광했다. 구글, 마이크로소프트, 아마존, 메타는 데이터 센터 건설에 수천억 달러를 쏟아부었다. 그런데 이 데이터 센터들은 엄청난 전력을 먹어 치웠다. AI 모델 하나를 학습시키는 데 드는 전력은 한 가구가 1년간 쓰는 전력의 수백 배에 달했다. 풍력 발전이나 태양광 발전 같은 재생 에너지는 에너지 생산이 간헐적이고 불안정했다. 바람이 불지 않으면 풍력 발전 시설은 멈췄고, 해가 지면 태양광 발전 시설은 꺼졌다. 하지만 AI 데이터 센터는 24시간 내내 돌아가야 했다.

답은 LNG였다. LNG 발전소는 빠르게 증설할 수 있고, 탄소 배출도 석탄보다 50% 적었다. 이에 따라 LNG를 실어 나를 선박이 필요해졌다. 글로벌 시장에서 LNG선 제작을 사실상 독점하고 있는 기업은 바로 한국의 조선 3사다.

2025년 한 해 동안 한국 조선 3사가 수주한 LNG선은 총 34척이다. 수주 금액은 약 90억 달러, 한화로 12조 원 규모다. 3사 합계 LNG선 수주 글로벌 점유율은 90%를 넘는다. 조선사별로 보면 HD한국조선해양 15척, 한화오션 13척, 삼성중공업 6척이다. 글로벌 LNG 물동량은 2024년 4억 톤에서 2030년 6억 톤으로 50% 증가할 전망이다. 이 물량을 실어 나르려면 최소 200척 이상의 신규 LNG선이 필요하다.

여기에 친환경 규제도 한몫했다. IMO는 2030년까지 선박의 탄소 배출을 2008년 대비 40% 줄이도록 강제했고, 2050년까지는 탄소 중립을 달성해야 한다. 선사들은 낡은 선박들을 폐선하고 암모니아나 수소 추진 선박, LNG 이중 연료 추진선 같은 친환경 선박으로 교체해야 한다.

2025년 발주된 컨테이너선, 벌크선의 60% 이상이 친환경 사양이었고, 한국 조선소는 이 분야에서 기술적 우위를 점하고 있다. HD한국조선해양은 암모니아 추진 선박 기술을 세계 최초로 상용화했다.

HD한국조선해양 주가(2024~2026년)

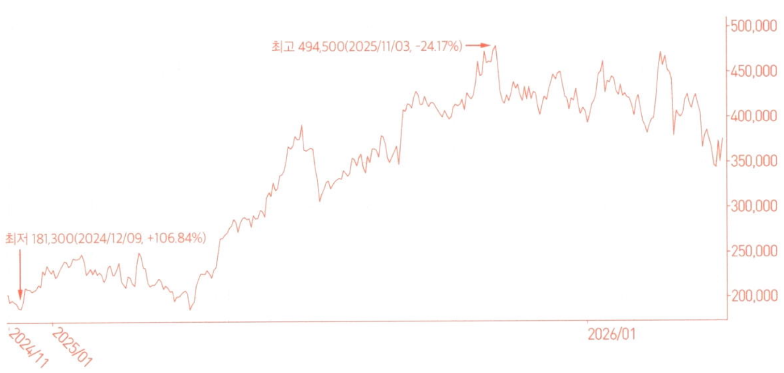

한국 조선소의 수주 잔고는 2025년 한때 총 200조 원에 육박했다. 2025년 상반기 기준, 각 사가 확보한 수주 잔고는 HD한국조선해양 107조 원, 삼성중공업은 45조 원, 한화오션은 38조 원이다. 향후 3년간 일감이 확보된 상태다. 이렇게 한국 조선업은 AI 열풍의 효과만으로도 충분히 호조세였다. 그런데 거기에 전쟁의 영향이 더해졌다. 이란 전쟁은 이미 뜨거운 용광로에 기름을 부은 격이다.

왜 중국이 아니라 한국인가?

여기서 중요한 질문이 생긴다. 왜 한국인가? 중국도 조선소가 많고, 가격도 더 싸지 않은가? 맞다. 중국은 2025년 기준 전 세계 선박 건조량의 56%를 차지했고, 한국은 20% 수준이었다. 그러나 고부가 가치 선박 시장에서는 이야기가 달랐다.

LNG선 시장에서 한국의 점유율은 92%였다. 2025년 전 세계에서 발주된 LNG선 37척 중 34척이 한국 조선소에서 건조될 예정이다. 중국은 단 2척을 수주했을 뿐이고, 그마저도 기술 이전을 받은 저사양 모델이었다.

LNG선은 초저온인 영하 163도에서 액화 천연가스를 안전하게 보관하고 운송해야 하므로 선박 건조에 고난이도 기술이 요구된다. 중국은 아직 이 기술을 완전히 습득하지 못했다. 게다가 LNG선은 1척당 2억 5,000만 달러가 넘는 고가 자산이기 때문에 발주사들은 검증된 조선소를 선호했다. 신뢰성과 안전성이 가격보다 중요했다. 기술력에 대한 믿음은 한국 조선소가 지난 40년간 쌓아 온 자산이었다.

친환경 선박도 마찬가지다. 암모니아 추진, 수소 연료 전지, 이중 연료 엔진, 탄소 포집 장치 같은 기술들은 아직 초기 단계였고, 한국 조선소들은 이 분야에서 세계 최고 수준의 연구 개발 역량을 보유하고 있다. 한국과 중국의 기술 격차는 최소 5년 이상 벌어져 있었고, 이 격차는 단기간에 좁혀지지 않는다.

글로벌 LNG선 수주 점유율 추이(한국 VS. 중국)

연도	한국 점유율 (수주량 기준)	중국 점유율 (수주량 기준)	주요 특징
2021년	89.3%	10.7%	한국, 전 세계 발주 물량 사실상 독점
2022년	70.0%	30.0%	중국, 카타르 프로젝트 수주로 점유율 확대
2023년	80.0% 이상	20.0% 미만	한국, 기술력 기반 대형선 수주 싹쓸이
2024년	57.2%	42.8%	중국, 자국 발주 물량 확대로 격차 축소
2025년	86.6%	8.1%	한국, 다시 압도적 1위 탈환 (37척 중 34척)
2026년(전망)	70.0%~	-	약 115척 발주 예상, 한국 우위 지속 전망

이란 전쟁이 가져다준 한국 조선업의 새로운 기회

호르무즈 해협이 막히면서 가장 먼저 패닉에 빠진 것은 에너지 수입국들이다. 쿠웨이트, 카타르, 아랍에미리트(UAE)에서 생산되는 LNG 수급이 막히자 유럽과 아시아 국가들은 서둘러 대안을 찾기 시작했다. 그 대안은 명확하다. 미국산 LNG다. 미국은 현재 세계 최대의 LNG 수출국이다. 이란 전쟁이 터지자 미국의 LNG 수출 물량을 계약하려는 수요가 급격히 늘어났다.

여기서 중요한 수학이 등장한다. 중동에서 아시아로 LNG를 운반하는 항로와 미국에서 아시아로 운반하는 항로는 거리가 다르다. 미국에서 아시아까지의 항로는 중동 항로보다 1.5~2.5배 길다. 같은 물량을 나르더라도 배가 더 오래 움직여야 하고, 따라서 더 많은 선박이 필요하다. 에너지 업계에서는 이를 '톤마일 증가'라고 부른다. 즉, 수입하는 LNG 양이 똑같아도 운반선은 더 많이 필요하다는 뜻이다.

이것이 조선업에 무엇을 의미하는가? 중동 공급망의 불확실성 증가는 유럽과 아시아의 LNG 수입처를 미국으로 돌려 LNG선 수주 확대로 이어질 가능성이 높다. 국내 조선소는 미국 프로젝트 선박 발주 확대의 직접적인 수혜처가 될 확률이 높다.

이러한 전망은 숫자로 보면 더 명확하다. 현재 최종 투자 결정(FID)을 앞둔 미국발 LNG 프로젝트 규모는 연간 8,100만 톤에 달한다. 이 물량을 나르기 위해 필요한 LNG 운반선은 2029년 기준 131척, 2030년에는 101척이다. 그런데 한국 조선소 전체의 2029년 잔여 도크 용량은 60~65척에 불과하다. 수요(131척)가 공급(65척)의 2배다. 완벽한 공급자 우위 시장이 이미 형성됐다.

선가도 오름세다. 영국 조선·해운 시황 전문 기관인 클락슨 리서치에 따르면 LNG 운반선 선가는 2026년 2월 기준 2억 4,850만 달러로 약 2년 만에 상승 전환했다. 국내 조선사들의 실제 수주 선가는 이미 2억 5,200만~2억 5,500만 달러 수준이며, 연내 2억 6,000만 달러 돌파도 가능하다는 전망이 나온다. 배 1척을 팔 때마다 버는 돈이 늘어나고 있다는 뜻이다.

호르무즈 해협 봉쇄의 또 다른 효과가 있다. 기존에 호르무즈 해협을 통과하던 선박들이 아프리카 희망봉을 돌아 우회하기 시작했다. 항로가 길어지면 같은 물량을 운반하는 데 더 많은 배가 필요하다. 선박 수요 자체가 늘어나는 구조다.

2024년 홍해 사태 때도 이 공식이 확인됐다. 홍해를 통과하던 선박들이 수에즈 운하 대신 희망봉으로 우회하자 선박 부족 현상이 일어났고, 해상 운임이 급등했으며, 그것이 선박 발주 증가로 이어졌다. 이번 호르무즈 해협 봉쇄는 그 규모가 홍해 사태보다 훨씬 크다. 전 세계 에너지 해상 물동량의 3분의 1이 통과하는 항로가 막혔기 때문이다.

2003년 이라크 전쟁 당시에도 비슷한 일이 있었다. 이라크 전쟁으로 유가가 급등하자 신규 선박 발주가 증가하기 시작했고 HD한국조선해양의 주가는 2007년까지 4년간 30배나 폭등했다. 이번에도 지도를 가진 사람은 다르게 행동할 것이다.

VLCC의 시대가 가고, 수에즈막스의 시대가 온다

이란 전쟁이 터지자 가장 먼저 패닉에 빠진 것은 원유를 실어 나르는 해운사들이었다. 호르무즈 해협이 봉쇄되면서 그 좁은 수로를 통과하던 선박들이 한꺼번에 발이 묶였다. 하루 평균 36척이 넘게 통과하던 해협에 이제 10척만 지나간다. 그 결과, 아프리카 희망봉으로 우회하는 선박들이 늘어나자 항로가 길어졌고, 같은 양의 원유를 나르는 데 더 많은 배가 필요하게 됐다. 시장에서 사용 가능한 선박이 급격히 줄어드는 효과가 생긴 것이다.

결과는 즉각적이었다. VLCC(Very Large Crude Carrier, 초대형 원유 운반선·30만 톤급)의 하루 평균 운임이 단 한 주 만에 102% 폭등했다. 연초 대비 운임이 6배 이상 치솟은 항로도 나왔다. 배가 필요한데 배가 없다. 유조선 품귀 현상이 시작됐다. 그런데 여기서 예상치 못한 일이 벌어졌다. 선박을 구하기 어려워진 상황이 VLCC에서 멈추지 않고, 다른 종류로도 번지기 시작한 것이다.

VLCC 중고선 시장이 먼저 말라붙었다. 전쟁 발발 이전부터 장금상선, MSC 같은 대형 선사들이 VLCC를 대량으로 쓸어담고 있었다. 장금상선 한 회사가 전 세계 VLCC 880척의 14~17%인 130~150척을 확보한 상태였다. 남은 매물이 거의 없는 상황에서 전쟁이 터졌다.

신조선은 대안이 될 수 없었다. VLCC를 새로 주문해도 인도받기까지 3년은 기다려야 한다. 당장 배가 필요한 선사들에게는 그 3년이 너무 긴 세월이다. 결국 선주들의 눈이 다른 곳을 향했다. 수에즈막스(Suezmax)급 선박(이하 '수에즈막스'로 약칭)이었다. 수에즈막스는 수심이 20m인 수에즈 운하를 통과할 수 있는 배의 최대 크기를 가리킨다. 통상 15~17만 톤급인 이 선박은 VLCC보다 작지만, 2척을 운용하면 VLCC 1척과 비슷한 물량을 처리할 수 있다. 신조선을 당장 구할 수 없는 상황에서 현실적인 유일한 대안이었다.

그 결과, 이상한 일이 벌어졌다. 5년 된 중고 수에즈막스의 가격이 신조선 가격을 추월했다. 2026년 클락슨 리서치 발표 기준 5년 차 중고 수에즈막스의 시세는 8,800만 달러로 같은 날 신조선의 시세인 8,750만 달러보다 비싸다.

VLCC도 마찬가지다. 5년 차 중고 VLCC 가격은 1억 4,000만 달러로, 신조선 가격인 1억 2,850만 달러보다 8.9% 더 비싸다. 중고가 새것보다 비싸게 유통되는 시장이 형성된 것이다. 그만큼 '지금 당장 해상 운송에 투입할 수 있는 배'의 희소가치가 극도로 올라갔다는 뜻이다.

단순히 VLCC가 없어서 수에즈막스로 넘어온 것은 아니다. 시장 구조적으로 수에즈막스는 VLCC보다 훨씬 유연한 선박 유형이다.

첫째, 항로 제약이 적다.

VLCC는 크기 때문에 진입할 수 있는 항구와 항로가 제한적이다. 수에즈 운하, 파나마 운하, 얕은 수심의 터미널을 통과할 수 없다. 반면 수에즈막스는 이름 그대로 수에즈 운하를 통과할 수 있는 최대 크기의 선박이다. 따라서 항로 선택의 폭이 훨씬 넓다.

둘째, 제재 구조에서 수혜가 더 크다.

이것이 핵심이다. 전문가들이 수에즈막스에 주목하는 기술적 이유가 여기에 있다. VLCC 제재는 미국이 글로벌 제재 선복량의 98%를 차지하지만, 유럽권 제재 선복량은 5% 미만이다. 즉, VLCC는 제재 주체가 미국 한 곳에 집중돼 있다. 반면 수에즈막스는 미국과 유럽 모두의 글로벌 제재 선복량이 60% 이상을 기록한다. 미국-EU 교차 제재가 동시에 가해지고 있는 것이다. 러시아와 이란의 원유를 실어 나르던 '그림자 선단(Shadow Fleet)' 수에즈막스 116척이 미국과 EU 양쪽의 제재를 동시에 받아 시장에서 퇴출 압력을 받고 있다. 이 배들이 빠져나간 자리를 정상 시장이 채워야 한다는 뜻이다.

전 세계 수에즈막스 선대 중 40%, 즉 273척이 선령 15년을 넘긴 노후선이다. 그림자 선단 116척의 평균 선령은 무려 21.8년이다. 이 배들은 곧 폐선될 수밖에 없다. 유안타증권의 분석에 따르면 2035년까지 전 세계 수에즈막스 선박의 20%가 폐선 대상이다. 수요가 증가하는데 낡은 배들이 퇴장하면 새 배를 만들어 채워 넣어야 한다. 신조선 발주가 생길 수밖에 없는 구조다.

2026년 클락슨 리서치에 따르면 최근 전 세계 수에즈막스급 신조선 발주 잔량(오더북)이 운항 선대의 25% 수준으로 치솟았다. 이는 전체 탱커 선종 가운데 가장 높은 비율이고, 수에즈막스 기준으로는 14년 만에 최고치다. 지난해 수에즈막스 신규 발주량은 전년 대비 48% 증가한 74척을 기록했다. 전쟁이 터지기 전부터 이미 슈퍼사이클이 시작되고 있었던 것이다.

선가도 오름세다. 2025년 9월 말 척당 8,500만 달러이던 수에즈막스급 신조선 가격은 최근 8,950만 달러까지 올랐다. 앞으로도 상승 여지가 충분하다. 공급자 우위의 시장이 형성됐기 때문이다.

이러한 파급 효과는 수에즈막스에서 멈추지 않을 수도 있다. 수에즈막스보다 작은 10만 톤급 아프라막스(Aframax) 역시 전체 선대의 48%가 선령 15년을 넘겨 교체 수요가 누적된 상태다. VLCC

에서 수에즈막스로, 수에즈막스에서 아프라막스로 유조선 품귀의 연쇄 반응이 선종 전체로 번지는 중이다.

수에즈막스 시장의 숨겨진 강자, 대한조선

이 흐름의 최대 수혜자는 의외의 기업이다. HD한국조선해양도, 삼성중공업도 아니다. 대한조선이다. 대한조선은 중형 조선사다. 규모로만 보면 국내 빅3 조선사에 비해 작다. 하지만 수에즈막스 유조선 분야에서는 독보적인 전문성과 점유율을 자랑한다. 빅3가 LNG선, VLCC, 컨테이너선 등 고부가 가치 대형 선박에 집중하는 동안, 대한조선은 수에즈막스라는 틈새시장에서 조용히 경쟁력을 쌓아 왔다. 그리고 지금, 그 틈새가 주류가 됐다.

이는 숫자가 말해 준다. 대한조선은 2026년 1분기에만 수에즈막스 12척을 수주하며 글로벌 시장 점유율 1위를 달성했다. 대한조선은 단 3개월 만에 1년 수주 목표를 모두 채우는 쾌거를 이뤘다. 주목할 것은 선가가 상승했다는 것이다. 대한조선이 3월 말 수주한 수에즈막스 유조선은 척당 1,380억 원 규모로 창사 이래 역대 최고다. 대한조선은 2029년까지 인도할 선박 35척을 확보하며 안정적인 운영이 가능해졌다.

선가도 역대 최고가 행진이다. 대한조선이 최근 수주한 수에즈막스 1척의 계약가는 1,340억 원으로 불과 반년 전 수준인 1,192억 원보다 12% 이상 뛴 수치다. 배 1척을 팔 때마다 받는 돈이 늘고 있다.

왜 LNG선을 만드는 빅3가 수에즈막스 수혜를 받지 못하는가? 이유는 간단하다. 도크가 꽉 찼기 때문이다. HD한국조선해양, 삼성중공업, 한화오션은 이미 LNG선, 컨테이너선, 군함 수주로 2028년까지 일감이 가득 차 있다. 수에즈막스 발주가 몰려와도 받을 도크가 없다.

반면 대한조선은 수에즈막스 건조에 특화된 도크 구조를 갖췄다. 그렇기 때문에 수에즈막스 외 다른 고부가 가치 선종이 새로운 수주 기회를 뺏어 가지 않는다. 시장의 주인공이 바뀌는 순간, 그 시장에 특화된 선수가 진짜 수혜를 독식하는 법이다.

업계 관계자의 말이 이 상황을 정확히 요약한다.

"공급망 불안 속에 안정적인 배를 먼저 확보하려는 선주들의 움직임이 이어지고 있다. 중동발 물류 환경 변화로 수에즈막스를 비롯한 원유 운반선 수요는 한동안 더 늘어날 것으로 전망된다."

2003년 이라크 전쟁 이후 조선주 슈퍼 사이클의 중심은 LNG선이었다. 에너지 수요 폭증이 LNG 운반선 발주로 이어졌고, 그것이 빅3 조선사의 주가를 30배 올렸다.

2026년 이란 전쟁이 만들어 낸 조선업 수혜는 두 트랙으로 나뉜다. LNG선은 빅3(HD한국조선해양, 삼성중공업, 한화오션)의 몫이다. 공급망 재편과 미국산 LNG 수요 급증이 LNG 운반선 발주로 이어졌고, 한국이 글로벌 점유율 92%로 이를 독식했다.

유조선, 특히 수에즈막스는 대한조선의 몫이다. 호르무즈 해협 봉쇄, VLCC 품귀 현상, 노후선 교체 수요, 제재로 인한 그림자 선단 퇴출이 맞물리며 수에즈막스 수요가 폭발하고 있다. 그 시장의 60% 이상을 대한조선이 가져가고 있다.

이란 전쟁 하나가 한국 조선업에 두 개의 기회를 동시에 열어 준 셈이다.

미래를 쓰는 친환경 선박

이란 전쟁과 무관하게 조선업은 친환경으로의 대전환을 눈앞에 두고 있다. IMO는 2030년까지 선박의 에너지 효율을 2008년 대비 40% 개선하도록 요구했고, 2050년까지는 탄소 배출을 제로로 만들어야 한다. 이에 따라 선박 추진 연료가 바뀌고 있다. 기존의 벙커C유(중유)는 탄소 배출이 많아 퇴출 수순에 들어갔다. 그 대신 LNG, 메탄올, 암모니아, 수소 같은 대체 연료가 주목받고 있다.

LNG는 가장 먼저 상용화됐다. 탄소 배출량이 벙커C유 대비 25% 적었고, 황산화물과 질소산화물 배출도 대폭 줄일 수 있었다. 2025년 발주된 컨테이너선의 42%가 LNG 이중 연료 추진 방식을 채택했다. 머스크, CMA CGM, MSC 같은 글로벌 선사들이 앞다퉈 LNG 추진선을 도입했다. 메탄올도 선박 대체 연료로 빠르게 성장했다. 메탄올은 상온에서 액체 상태로 보관이 가능해 LNG보다 저장과 취급이 쉽고, 탄소 배출도 30% 줄일 수 있다.

그러나 진짜 게임 체인저는 암모니아다. 암모니아는 연소 시 탄소를 전혀 배출하지 않고, 수소보다 저장과 운송이 쉽다. 에너지 밀도도 높아 장거리 항해에 적합하다. 문제는 기술적 난이도다. 암모니아는 독성이 강하고 부식성이 있어 이를 연료로 쓰는 선박은 엔진과 연료 탱크 설계가 까다롭다. 또한 연소 과정에서 질소산화물이 발생할 수 있어 후처리 시스템이 필요하다.

HD한국조선해양은 2023년부터 핀란드의 엔진 제조사 바르질라, 노르웨이의 선급 DNV와 협력해 암모니아 추진선 기술을 개발했다. 연료비는 LNG 대비 10% 높지만, 탄소 배출이 제로였기 때문에 탄소세와 규제 비용을 고려하면 오히려 경제적이다. 2026년 3월 기준 HD한국조선해양은 암모니아 추진선을 28척 수주해 세계 시장 점유율 85%를 기록했다.

수소 연료 전지도 연구 중이다. 수소는 탄소 배출이 전혀 없고 에너지 효율도 높지만, 저장 밀도가 낮아 대형 선박에 적용하기 어려웠다. 수소를 액화하려면 영하 253도의 초저온이 필요했고, 압축 방식은 탱크가 너무 무거웠다. 따라서 수소는 소형 선박에만 적용 가능했다. 한화오션은 소형 페리와 크루즈선에 수소 연료 전지를 적용하는 프로젝트를 진행 중이고, 2028년 상용화를 목표로 하고 있다. 삼성중공업은 탄소 포집·저장(CCS) 기술을 선박에 탑재하는 연구를 진행 중이다. 선박에서 배출되는 탄소를 포집해 압축·액화한 뒤 육상 저장소로 운송하는 방식으로 2030년 이후 상용화가 예상된다.

친환경 선박 관련 부품·소재 기업도 함께 보면 좋다. 선박 엔진을 만드는 HD현대마린엔진, 한화엔진, STX엔진 등은 선박 수주 증가 시 레버리지 효과가 크다. LNG선용 초저온 보냉재를 공급하는 한국카본도 주목할 만하다.

피팅(관 이음쇠) 업체인 성광벤드, 태광도 조선 기자재 관련주다. 이들은 조선뿐만 아니라 중동 지역의 송유관 건설과도 밀접한 관련이 있다. 호르무즈 해협이 막히자 사우디아라비아, UAE 등은 내륙 송유관 추가 건설을 고려하고 있다. 페르시아만에서 생산된 원유를 송유관을 통해 홍해나 오만만으로 우회해서 보내려는 것이다. 송유관을 건설하려면 관과 관 사이를 연결하는 피팅이 필수품이다.

조선주의 리스크 요인

첫째, 이란 전쟁이 단기간에 종결되면 운임 급등이 진정되고 신규 수주 모멘텀이 약화될 수 있다.

미국과 이란이 협상 테이블에 앉거나, 호르무즈 해협이 재개방되면 유가와 운임은 빠르게 하락한다. 그러나 현재까지 상황을 보면 전쟁은 단기 종결이 어려워 보인다. 이란은 핵 개발을 포기할 의사가 없고, 미국과 이스라엘도 이란 핵 시설을 완전히 무력화하려는 의지가 강하다.

둘째, 중국 조선소들이 LNG선과 친환경 선박 기술을 빠르게 따라잡으면 가격 경쟁이 심화될 수 있다.

중국 정부는 조선업을 국가 전략 산업으로 지정하고 막대한 보조금을 지원하고 있다. 후동중화조선, CSSC(중국선박공업그룹) 같은 중국 조선소들은 최근 몇 년간 LNG선 건조 실적을 쌓고 있고, 2025년에는 프랑스 토탈에너지스로부터 LNG선 4척을 수주하기도 했다. 그러나 아직 멤브레인 방식의 화물창(화물을 싣는 창고) 기술은 완전히 확보하지 못했고, 납기 지연과 품질 문제도 빈번하다. 기술 격차를 좁히려면 최소 5년 이상 걸릴 것으로 보인다.

셋째, 글로벌 경기 침체로 해상 물동량이 감소하면 선박 수요가 줄어든다.

2026년 현재 미국과 유럽은 고금리 기조를 유지하고 있고, 중국 경제도 부동산 위기로 성장률이 둔화됐다. 만약 2027~2028년 글로벌 경기가 본격 침체에 빠지면 컨테이너 물동량이 감소하고 선박 발주도 줄어든다. 그러나 LNG 수요는 경기 방어적이다. AI 데이터 센터는 경기 침체에도 계속 증설될 것이며, 탄소 중립 정책도 거스를 수 없는 흐름이다. 따라서 LNG선 수주는 상대적으로 안정적일 것으로 예상된다.

넷째, 원자재 가격 상승으로 원가 부담이 커질 수 있다.

조선업은 계약 후 건조까지 2~3년이 걸리기 때문에 계약 시점과 인도 시점 사이에 원자재(철강, 알루미늄, 구리) 가격이 급등하면 수익성이 악화된다. 이란 전쟁 이후 철강 가격은 톤당 850달러에서 920달러로 8% 상승했다. 그러나 조선사들은 대부분 원자재 가격 연동 조항을 계약에 포함시키고 있고, 일부는 선물 시장에서 헤지를 한다. 따라서 원자재 가격 리스크는 제한적이다.

종합적으로 보면, 2026~2029년까지 조선업의 펀더멘털은 매우 견고하다. AI와 전쟁이라는 두 가지 메가 트렌드가 동시에 작동하고 있고, 한국 조선소는 기술력과 수주 잔고 모두에서 압도적 우위를 점하고 있다. 비상계엄령 당시 2,400선이었던 코스피가 6,300까지 오르는 과정에서 조선주는 반도체 다음으로 큰 기여를 했다. HD한국조선해양, 삼성중공업, 한화오션 3사의 시가 총액 중 가분만 합쳐도 30조 원이 넘는다. 그리고 이 동력은 아직 끝나지 않았다.

2026년, 호르무즈 해협은 계속해서 봉쇄 위협을 받고 있다. 중동 지역의 전투는 계속되고 있고, 유가는 배럴당 70달러 선에서 등락을 거듭한다. 해상 운임도 고공 행진 중이다. 그렇지만 한국의 조선소에서는 지금 이 순간에도 거대한 철의 배들이 만들어지고 있다. 바다로 나가 세계를 연결하고, 에너지를 실어 나르고, AI 시대 와 전쟁의 시대를 동시에 떠받칠 배들이.

왕국은 여전히 견고하다. 아니, 더 강해지고 있다.

조선 종목 지도

HD현대마린엔진
HD한국조선해양
한화엔진
STX엔진
기자재·엔진
한국카본
성광벤드
태광
소재·부품
조선
LNG선 수혜
유조선 수혜
HD한국조선해양
삼성중공업
한화오션
대한조선

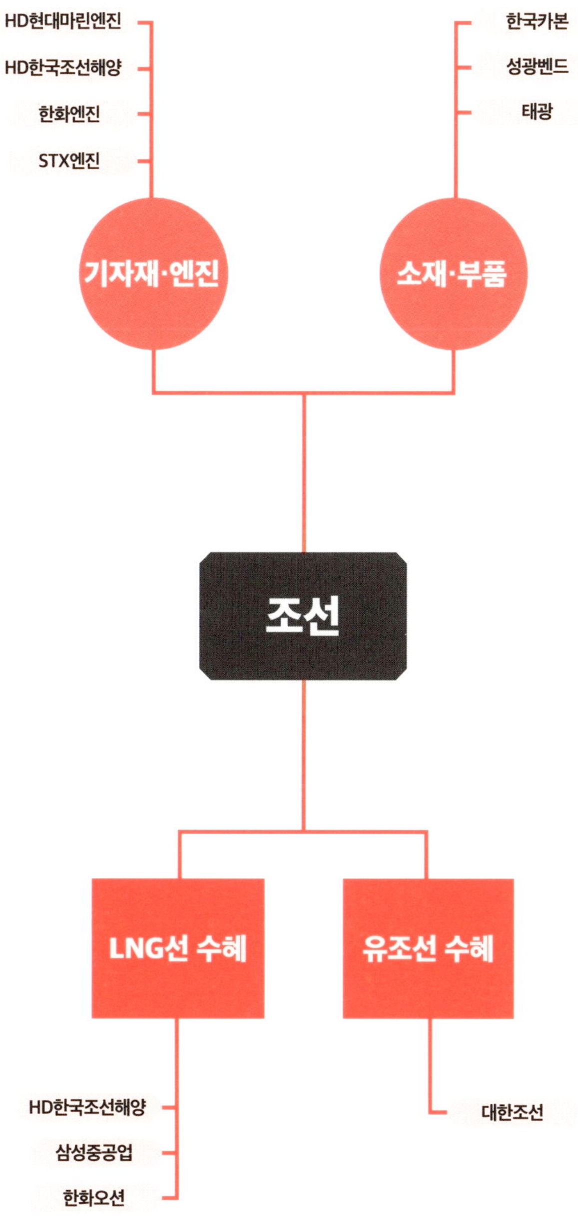

조선 코스피·코스닥 투자 판단표

시장	기업	종목 코드	투자 포인트	ACTION
코스피	HD한국조선해양	009540	LNG선 점유율 우위, 수주 잔고 확대, 암모니아 추진선 선도	●
코스피	삼성중공업	010140	LNG선 수주, 수주 잔고 확보	●
코스피	한화오션	042660	LNG선 수주, 전쟁 이후 추가 수주 기대	●
코스피	대한조선	439260	수에즈막스 점유율 우위, 역대 최고 선가, 2029년까지 인도 물량 확보	◎
코스피	HD현대마린엔진	071970	친환경 선박 엔진 수요 확대	○
코스피	한화엔진	082740	LNG·친환경 선박 엔진 수혜	○
코스피	STX엔진	077970	엔진 교체·확대 수요	○
코스피	한국카본	017960	LNG선 보냉재 수요 확대	○
코스닥	성광벤드	014620	조선 기자재 수요, 피팅 전문 업체	○
코스닥	태광	023160	조선 기자재 수요, 에너지·플랜트 수요 확대	○

CHAPTER 3

방산
방위 산업 실전 검증 완료

왕국

2022년 2월 24일, 러시아가 우크라이나를 침공했다. 유럽은 충격에 빠졌다. 제2차 세계대전 이후 77년 만에 유럽 땅에서 대규모 전쟁이 벌어졌다. 유럽 지역의 안보 불안감은 커져만 갔고, 이는 결국 군비 증강으로 이어졌다. 독일은 국방비를 국내총생산(GDP)의 2%로 올렸고, 폴란드는 3%로, 스웨덴과 핀란드는 나토(NATO, 북대서양 조약 기구)에 가입했다. 유럽 전역에서 국방 예산이 폭발적으로 증가했다. 그리고 한국 방산이 그 기회를 잡았다.

2022년 7월, 폴란드는 한국으로부터 K2 전차 980대, K9 자주포 672문, FA-50 경공격기 48대를 구매하는 계약을 체결했다. 계약 금액은 총 40조 원. 한국 방산 역사상 최대 규모였다. 한화에어로스페이스의 주가는 계약 당시인 2022년 7월 6만 원대에서 2026년 2월 140만 원대로 급등했다. 3년 반 만에 무려 20배가 넘게 뛴 것이다. 이렇게 러시아-우크라이나 전쟁은 한국 방산에 날개를 달아 줬다.

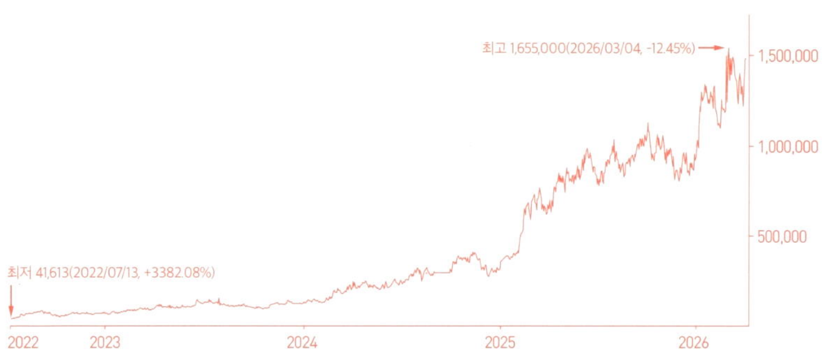

그리고 2026년 2월 28일, 이란 전쟁이 터졌다. 이번에는 중동이다. 폴란드가 그랬던 것처럼 이제 사우디아라비아, UAE, 요르단, 이집트가 무기를 사들인다. 한국 방산의 두 번째 기회가 찾아왔다.

우크라이나 전쟁이 드러낸 K-방산의 성능

우크라이나 전쟁은 한국 방산의 경쟁력 두 가지를 증명했다.

첫째, 성능이다.

폴란드가 현대로템의 K2 전차를 선택한 이유는 간단했다. 독일 레오파르트2나 미국 M1 에이브람스보다 싸면서도 성능이 동등했기 때문이다. K2 전차는 시속 70km로 달릴 수 있었고, 자동 장전 장치가 탑재돼 발사 속도가 빨랐다. 주포는 독일제 120mm 활강포를 사용했고, 장갑은 복합 장갑과 반응 장갑을 결합해 RPG(로켓 추진 유탄)와 대전차 미사일을 막아 냈다. 2023년 노르웨이 국방부가 실시한 시험 평가에서 K2는 레오파르트2를 제치고 최고 점수를 받았다.

한화에어로스페이스의 K9 자주포는 더욱 압도적이다. 사거리 40km, 분당 6발 발사, 자동화된 사격 통제 시스템 등 인상적인 성능을 갖췄다. 러시아-우크라이나 전쟁에서 포병이 전투의 70%를 좌우한다는 사실이 입증됐다. 러시아군은 하루 2만 발의 포탄을 쏟아부었고, 우크라이나군도 최대한 많은 포를 전선에 배치했다. K9은 세계에서 가장 많이 팔린 자주포였다. 2026년 3월 기준 전 세계 11개국이 K9을 운용하고 있고, 총 생산량은 2,000문을 넘어섰다. 폴란드뿐 아니라 노르웨이, 에스토니아, 호주, 이집트, 인도가 K9을 구매했다.

둘째, 납기다.

독일이나 미국은 주문 후 납품까지 5년 이상 걸렸다. 그러나 한국은 달랐다. 폴란드와 계약 체결 당시 한화에어로스페이스는 "첫 배치될 전차는 6개월 안에 인도하겠다"라고 약속했고, 실제로 2022년 12월 첫 K2 전차 10대가 폴란드에 도착했다. 빠른 납기는 러시아-우크라이나 전쟁처럼 급박한 상황에서 결정적이었다. 유럽 국가들은 "지금 당장" 사용 가능한 무기를 원했고, 한국만이 그 수요를 충족시킬 수 있었다.

이 같은 한국 방산의 우수성은 한국전쟁 이후 북한과 70년 넘게 대치하며 발전한 기술력 덕분이다. 북한이 핵무기를 개발하면서 한국도 그에 따라 국방력을 강화할 수밖에 없었고, 국방 분야에 대한 끊임없는 투자는 한국 방산의 위상을 한층 높이는 동력으로 작용했다. 아이러니하게도 지구상 유일한 분단국가라는 점이 강력한 방산 경쟁력의 원천이 됐던 것이다.

두 번째 전쟁과 두 번째 기회

2026년 2월 28일, 미국이 이란을 공격했다. 호르무즈 해협이 봉쇄됐고, 이란은 사우디아라비아와 UAE에 탄도 미사일을 발사했다. 중동은 다시 한번 전쟁의 소용돌이에 빠졌다. 그리고 중동 국가들은 깨달았다. 더 이상 미국만 믿을 수 없다는 사실을.

사우디아라비아는 2015년 예멘 내전에 개입하면서 미국제 무기에 전적으로 의존했다. 그러나 2021년 바이든 행정부는 사우디아라비아에 대한 무기 수출을 제한했다. 인권 문제 때문이었다. 사우디아라비아는 배신감을 느꼈다. UAE도 마찬가지였다. 2020년 UAE가 F-35 전투기 50대를 구매하려 했을 때, 미국 의회는 이스라엘을 자극한다는 이유로 승인을 미뤘다. 결국 UAE는 F-35 구입을 포기했다. 중동 국가들은 미국 무기에 의존하는 것의 정치적 리스크를 체감했고, 대안을 찾기 시작했다. 바로 한국이었다.

2023년 사우디아라비아는 LIG디펜스앤에어로스페이스(구 LIG넥스원)의 천궁-II 지대공 미사일 10개 포대를 구매하는 계약을 체결했다. 이와 더불어 한화에어로스페이스의 천무 다연장 로켓도 지속적으로 구매하고 있다. 또한 K2 전차 및 K9 자주포 도입 협상이 진행 중이며 향후 4.5세대 전투기 도입 사업에서 한국항공우주(KAI)의 KF-21 도입을 적극 검토하고 있다. 이번 이란 전쟁은 이런 협상에 날개를 달아 줄 전망이다.

UAE는 2022년 LIG디펜스앤에어로스페이스의 천궁-II 지대공 미사일 10개 포대를 구매했다. 이는 천궁-II 지대공 미사일이 최초로 해외 수출된 사례다. 천궁-II 지대공 미사일은 이란 전쟁에서 이란의 대규모 공격 당시 실전 배치된 2개 포대가 96%의 요격 성공률을 자랑하며 성능 검증을 마쳤다. 또 한화에어로스페이스의 천무 다연장 로켓도 2017년 첫 수출 이후 꾸준하게 운용 중이다. UAE 역시 KF-21 전투기 도입에도 큰 관심을 보이고 있다.

K-방산을 이끄는 4개의 왕국

한화에어로스페이스는 K9 자주포, 천무 다연장 로켓, 레드백 장갑차 외에도 천궁-II 발사대, FA-50에 탑재되는 엔진 등을 생산하는 한국 방산의 대표 기업이다. 2025년 매출은 26.6조 원, 영업이익

은 3조 원이었다. 2026년에 중동 지역의 계약이 추가된다면 실적
은 더욱 증가할 전망이다. 수주 잔고는 2025년 말 기준 37조 원에
달한다. 한화에어로스페이스의 강점은 포트폴리오 다각화다. 육상
무기(K9 자주포), 항공 무기(FA-50 엔진), 방공 무기(천궁-II 발사
대)를 모두 생산한다. 따라서 한 국가가 여러 무기를 동시에 구매
할 때 패키지 딜이 가능하다. 폴란드와의 계약도 그랬고, 사우디아
라비아와의 협상도 마찬가지다. 기술 자립도가 높아 수출 시 미국
의 승인이 덜 필요한 것도 강점이다.

LIG디펜스앤에어로스페이스는 레이더, 유도 미사일, 전자전 장
비를 생산하는 방산 전문 기업이다. 천궁-II 지대공 미사일의 레이
더와 유도 시스템이 LIG디펜스앤에어로스페이스 제품이다. 해성
대함 미사일, 현궁 대전차 미사일도 LIG디펜스앤에어로스페이스
가 만든다. 2025년 매출은 4조 3,000억 원, 영업이익은 3,229억 원
이었다. 2025년 말 기준 수주 잔고는 26조 원을 넘기며 역대급 실
적을 기록했다. LIG디펜스앤에어로스페이스의 강점은 전자전과
레이더 기술이다. 현대 전쟁은 전자전이 핵심이다. 러시아-우크라
이나 전쟁에서 러시아는 우크라이나군의 통신과 레이더를 교란했
고, 우크라이나도 러시아의 드론과 미사일을 전자전으로 무력화했
다. LIG디펜스앤에어로스페이스는 한국군의 전자전 장비 대부분
을 공급하고 있고, 이 기술을 수출형으로 개발 중이다.

한국항공우주는 FA-50 경전투기, KF-21 차세대 전투기, 수리
온 헬기를 생산한다. 2025년 매출은 3조 7,000억 원, 영업이익은

2,692억 원이었다. 한국항공우주의 최대 관심사는 KF-21이다. KF-21은 한국이 독자 개발한 4.5세대 전투기로, 2026년 양산이 시작됐다. 사우디아라비아와 UAE는 KF-21에 강한 관심을 보이고 있다.

현대로템은 K2 흑표 전차와 K808 차륜형 장갑차 등을 생산한다. 2025년 매출은 5조 8,000억 원, 영업이익은 1조 원이었다. 창사 이래 처음으로 영업이익 1조 원을 달성했다. 현대로템은 철도 차량도 생산하는데, 방산 비중은 매출의 40% 수준이다. 만약 중동 계약이 성사되면 방산 비중이 60%로 증가할 수 있다.

연도별 방산 수출액 추이(계약 기준)

연도	수출액	주요 특징 및 성과
2022년	173억 달러	사상 최대 실적, 폴란드와 K2, K9, FA-50 등 대규모 계약
2023년	135억 달러	수출 대상국 3배, 무기 체계 2배 확대(다변화 시작)
2024년	95억 달러	일시적 정체기, 중동 및 동남아 추가 수주 논의 지속
2025년	154억 달러	반등 성공, 폴란드 2차 계약 및 중동·중남미 수주 확대
2026년(전망)	200억~240억 달러	역대 최고치 경신 전망, 수주 잔고 120조 원 돌파 기대

중동 국가들은 단순히 무기만 사지 않는다. 기술 이전과 현지 생산을 요구한다. 사우디아라비아는 K9 자주포 200문 중 상당량을 현지에서 생산하길 원한다. 한화에어로스페이스는 사우디아라비아에 조립 공장을 짓고, 사우디아라비아 기술자를 교육하고, 핵심 부품만 한국에서 공급하는 방식을 제안했다. UAE도 마찬가지다.

천궁-II 방공 시스템을 UAE에서 조립하고, 장기적으로 중동과 아프리카 시장에 재수출하는 구조를 원한다. 이는 한국 기업에 장기 수익을 보장한다. 무기를 한 번 팔고 끝나는 게 아니라, 현지 공장 운영, 부품 공급, 유지 보수로 20~30년간 수익이 지속된다.

게다가 중동 국가들은 돈이 많다. 사우디아라비아의 국방 예산은 연간 750억 달러로 세계 5위다. UAE는 240억 달러로 세계 14위다. 이란 전쟁 이후 두 나라 모두 국방 예산을 20% 이상 늘렸다. 사우디아라비아는 2027년까지 900억 달러, UAE는 300억 달러로 증액할 계획이다. 이 예산의 상당 부분이 한국 무기 구매 비용으로 흘러 들어온다.

방산주의 리스크 요인

첫째, 이란 전쟁이 단기 종결되면 중동 국가들의 긴박감이 사라지고 계약이 지연될 수 있다.

그러나 중동은 구조적으로 언제나 불안정하다. 이란-사우디아라비아 갈등, 이스라엘-팔레스타인 분쟁, 예멘 내전 등 상시적 위협이 존재한다. 단기적인 전쟁 종결과 무관하게 중동 국가들은 군사력 강화 기조를 지속할 것이다.

둘째, 미국의 견제다.

미국은 한국이 중동에 첨단 무기를 수출하는 것을 달가워하지 않는다. 특히 KF-21에는 미국제 부품(엔진, 레이더)이 들어가기 때문에 수출 시 미국 승인이 필요하다. 2026년 현재 미국 정부는 한국산 무기의 중동 수출을 묵인하고 있지만, 향후 정책이 바뀔 수 있다. 그러나 한국 방산 기업들은 부품 국산화를 추진 중이고, 2028년까지 미국 의존도를 50% 이하로 낮출 계획이다.

셋째, 경쟁이다.

튀르키예, 이탈리아, 스페인 같은 중견 방산 국가들도 중동 시장을 노린다. 특히 튀르키예는 드론과 장갑차에서 강점을 보이고, 가격도 한국과 비슷하다. 그러나 여전히 성능과 납기 측면에서 한국이 우위인 상황이다. 폴란드와의 계약 체결 성공은 한국 방산 산업의 경쟁력을 확인시켜 주는 대표적 사례다.

러시아-우크라이나 전쟁은 한국 방산 산업에 폴란드와의 계약 체결이라는 대박을 안겼다. 이란 전쟁은 중동이라는 더 큰 시장을 열어 주고 있다. 사우디아라비아, UAE, 요르단, 이집트의 연간 국방 예산을 모두 합치면 1,200억 달러가 넘는다. 이 중 10%만 한국 무기를 사도 연간 12조 원, 5년이면 60조 원 시장이다. 이는 폴란드와 체결한 계약 규모인 16조 원의 4배에 달하는 수치다.

전쟁은 비극이다. 그러나 전쟁은 방산 산업에 기회를 준다. 한국은 그 기회를 두 번 잡았다. 첫 번째는 폴란드였고, 두 번째는 중동이다. 왕국은 여전히 확장 중이다.

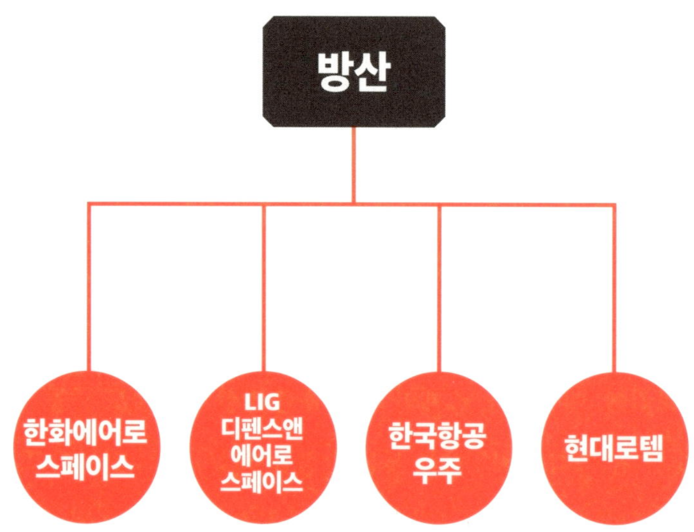

방산 코스피·코스닥 투자 판단표

시장	기업	종목 코드	투자 포인트	ACTION
코스피	한화에어로 스페이스	012450	포트폴리오 다각화, 중동 계약 확대, 수주 잔고 37조 원, 다수 무기 동시 공급, 장기 유지 보수 수익	●
코스피	LIG 디펜스앤 에어로스페이스	079550	전자전·레이더 기술 경쟁력, 수주 잔고 26조 원, 미사일·방공 시스템 핵심 구성	●
코스피	한국항공우주	047810	KF-21 양산 시작, 중동 도입 검토	●
코스피	현대로템	064350	K2 전차 성능 검증, 방산 비중 확대 가능성	●

CHAPTER 4

원전
원자력의 르네상스

왕국

2011년 3월 11일, 일본 후쿠시마 원전 사고가 발생했다. 동일본 일대를 덮친 지진과 쓰나미로 원자로가 폭발했고, 방사능이 누출됐다. 전 세계는 공포에 빠졌다. 독일은 2022년까지 모든 원전을 폐쇄하기로 결정했다. 일본도 가동 중이던 54기의 원전을 모두 멈춰 세웠다. 한국에서도 "탈원전"을 외치는 목소리가 커졌다. 원자력은 위험하고, 시대에 뒤떨어진 기술로 낙인찍혔다. 이후 원전 산업은 침체의 늪에 빠졌다.

그러나 그로부터 15년이 지난 2026년, 세계는 다시 원전을 찾고 있다. 아니, 원전 없이는 탄소 중립을 달성할 수 없다는 사실을 깨달았다. 독일은 원전 폐쇄 결정을 번복했고, 일본은 원전 재가동을 서두르고 있다. 프랑스는 신규 원전 14기 건설을 발표했고, 미국은 소형 모듈 원전(SMR)에 막대한 투자 중이다. 바야흐로 원자력 르네상스다. 그리고 그 중심에 한국 원전 기업들이 당당히 서 있다.

탄소 중립의 딜레마, 재생 에너지만으로는 불가능하다

2015년 파리 기후 협약 이후 전 세계는 탄소 중립을 약속했다. 2050년까지 탄소 배출을 제로로 만들겠다는 목표였다. 해법은 재생 에너지였다. 태양광·풍력 발전을 대폭 확대하고, 화석 연료 발전소를 단계적으로 폐쇄한다는 계획이었다. 그런데 문제가 생겼다.

첫째, 재생 에너지는 간헐적이다.

태양광 발전소는 밤에 작동하지 않고, 흐린 날에는 발전량이 급감한다. 풍력 발전소는 바람이 불지 않으면 멈춘다. 2024년 겨울, 유럽은 이 문제를 뼈저리게 체험했다. 당시 유럽 대륙에는 한파가 몰아쳤고, 바람도 약했다. 태양광과 풍력 발전량이 평소의 30%로 떨어졌다. 전력 부족으로 산업 시설이 가동을 멈췄고, 전기 요금이 폭등했다. 독일은 급하게 석탄 발전소를 재가동했다. 전 세계가 약속한 탄소 중립 목표는 유명무실해졌다.

둘째, AI 데이터 센터가 전력을 폭발적으로 소비한다.

챗GPT 이후 빅테크 기업들은 AI 경쟁에 뛰어들었고, 데이터 센터를 대규모로 증설했다. 그런데 데이터 센터는 24시간 내내 안정적인 전력을 필요로 한다. 간헐적인 재생 에너지로는 그 수요를 충족시키기가 불가능하다. 구글, 마이크로소프트, 아마존은 결국 원전으로 눈을 돌렸다. 2025년 구글은 캘리포니아에 소형 원전 4기를 발주했고, 마이크로소프트는 워싱턴주에 원전 전용 데이터 센터를 건설하기로 했다.

셋째, 배터리 저장 비용이 너무 비싸다.

재생 에너지의 간헐성을 해결하려면 대규모 에너지 저장 시스템(ESS)이 필요하다. 이는 낮에 생산한 전기를 배터리에 저장했다가 밤에 쓰는 방식이다. 그런데 배터리는 비싸다. 1GWh(기가와트시)급 ESS를 구축하는 데 수천억 원이 든다. 게다가 배터리는 수명이 10년 정도로 짧아 주기적으로 교체해야 한다. 경제성이 없다.

결국 전 세계 각국 정부는 탄소 중립을 달성하려면 기저 부하(24시간 안정적으로 공급되는 전력)를 담당할 발전원이 필요하다는 사실을 받아들였다. 화석 연료는 탄소를 배출하니 안 되고, 재생 에너지는 간헐적이라 안 된다. 그렇다면 답은 원전뿐이다. 원전은 탄소를 배출하지 않고, 24시간 내내 안정적으로 전력을 공급한다. 연료비도 저렴하다. 우라늄 1g으로 석탄 3톤을 사용한 것과 같은 에너지를 낸다. 원전 없는 탄소 중립은 불가능하다.

이런 상황에서 이란 전쟁은 원전의 필요성을 더욱 강화시켰다.

국제 유가의 폭등으로 에너지 가격이 상승하자, 원자력이 유력한 에너지원으로 떠올랐다. AI 때문에 안 그래도 에너지가 부족했었는데, 전기를 생산할 수 있는 중요한 축인 화석 연료의 가격이 급등하니 결국 답은 원전뿐이라는 인식이 확산됐다. 이제 인류는 한가하게 방사능 누출을 염려하며 원전을 지을까 말까 고민하는 사치를 누릴 수 없게 됐다. 이란 전쟁이 끝난다 해도 그 이후의 세계는 더 이상 예전과 같을 수 없다. 툭하면 자원을 무기화하고 공급망을 끊어 버리는 리스크가 존재하는 국제 정세 가운데에서 든든한 버팀목이 되어 줄 에너지 공급원은 역시 원전뿐이다.

세계 5위의 원전 강국, 세계 최고 수준의 원전 가동률 한국

한국은 세계에서 손꼽히는 원전 강국이다. 2026년 현재, 한국은 26기의 원전을 가동 중이며, 총 발전 용량은 약 26GW(기가와트)에 달한다. 이는 전 세계 원전 가동 기수 및 발전 용량 기준으로 5위에 해당한다. 미국, 프랑스, 중국, 러시아에 이어 한국이 그 뒤를 잇는다. 일본은 후쿠시마 원전 사고 이후 대부분의 원전을 멈춰 세웠고, 2026년 현재 12기만 재가동 중이다. 한국은 원전 분야 경쟁력에서 일본을 추월했다.

글로벌 순위보다 더 중요한 것은 원전이 한국 전력 생산에서 차지하는 비중이다. 2025년 기준 한국의 총 전력 생산량 중 원전이 차지하는 비중은 약 33%로 최대 발전원이다. 재생 에너지(태양광,

풍력)는 11%, LNG가 29%, 석탄이 27%였다. 원전은 탄소를 배출하지 않는 기저 부하 전원으로서 한국 전력망의 핵심 축이다. 프랑스는 원전 비중이 70%로 압도적이고, 미국은 19%, 중국은 5%에 불과하다. 한국은 원전 의존도와 기술력에서 균형 잡힌 위치에 있다.

한국 원전의 진짜 경쟁력은 가동률이다. 원전 가동률은 원전이 1년 중 실제로 가동된 시간의 비율을 의미한다. 고장이나 정비로 멈추는 시간이 적을수록 가동률이 높다. 2025년 기준 한국 원전의 평균 가동률은 85%로 세계 최상위권이다. 미국은 91%, 프랑스는 74%, 일본은 70%였다. 세계 평균은 80% 수준이다.

85%라는 숫자가 무엇을 의미하는가? 한국 원전이 1년 365일 중 약 310일을 가동한다는 뜻이다. 나머지 55일은 정비와 연료 교체에 사용한다. 높은 원전 가동률은 한국 원전의 안전성, 신뢰성, 운영 능력이 세계 최고 수준임을 입증한다. 원전은 복잡한 시스템이다. 수천 개의 부품이 정밀하게 작동해야 하고, 작은 고장만으로도 전체 가동이 멈추기도 한다. 한국은 예방 정비 시스템을 완벽하게 구축했고, 부품 국산화율도 95% 이상이다. 부품을 해외에서 수입할 필요가 없기 때문에 정비 기간도 짧다.

한국 원전의 또 다른 강점은 건설 능력이다. 원전 건설은 고난이도 프로젝트다. 수만 톤의 콘크리트, 수천 킬로미터의 배관, 수백 개의 안전 시스템이 정밀하게 조합돼야 한다. 그런데 한국은 원전 건설 시 납기 지연 사례가 거의 없다. 1978년 고리 1호기를 처음 가동한 이후 한국이 건설한 원전 24기 중 대부분이 계약 기한 내에 완공됐다. 평균 건설 기간은 약 8~12년이다.

반면 프랑스와 미국은 원전 건설 지연으로 악명이 높다. 프랑스의 최신 원전 플라망빌 3호기는 2007년 착공해 2024년에야 완공됐다. 당초 계획보다 12년 지연됐고, 비용도 4배 초과했다. 핀란드 올킬루오토 3호기는 14년 지연됐고, 비용은 3배 이상 늘었다. 미국 보글 원전 3, 4호기는 7년 지연됐고, 비용이 2배로 늘었다. 원전 건설 지연은 발주국에 막대한 재정 부담을 준다. 따라서 납기 준수는 원전 수출의 핵심 경쟁력이다. 한국은 이 분야에서 타의 추종을 불허한다.

한국은 2009년 UAE 바라카 원전 수주 이전까지 원전 수출 실적이 전무했다. 원전 기술을 보유했지만, 그때까지만 해도 해외 시장 진출 경험이 없었다. 그러나 UAE 바라카 원전 4기를 성공적으로 완공하면서 상황이 바뀌었다. 2024년 체코 두코바니 원전 수주까지 합치면, 한국의 원전 수출 계약 금액은 총 44조 원에 달한다. 이는 단일 품목 수출로는 조선업 전체에 버금가는 규모다.

전 세계 원전 건설 시장은 2030년까지 연간 약 1,500억 달러(약 200조 원) 규모로 성장할 전망이다. 현재 시장 점유율은 러시아(약 40%), 중국(약 25%), 프랑스(약 15%), 한국(약 10%), 미국(약 10%) 순이다. 러시아는 저가 공세로 동유럽과 중동을 공략하고 있고, 중국은 자국 내 대규모 건설과 아프리카 진출로 점유율을 높이고 있다. 그러나 러시아는 우크라이나와의 전쟁 이후 서방 제재로 유럽 시장 진출이 막혔고, 중국은 기술 신뢰성 문제로 선진국 시장 진출에 한계가 있다. 한국은 가격, 기술, 납기 측면에서 균형 잡힌 경쟁력을 두루 갖췄고, 체코 두코바니 원전 수주 계약으로 유럽 시장 진출을 위한 교두보를 마련했다. 2030년까지 한국의 글로벌 원전 시장 점유율은 15~20%로 증가할 가능성이 크다.

UAE 바라카 원전, 한국 원전의 우수성을 세계에 알리다

한국은 원전 핵심 기술을 국산화하며 자립했다. 1970년대에 세워진 고리 1호기는 미국 웨스팅하우스의 턴키(Turnkey, 설계·시공 일괄 입찰) 방식으로 건설됐다. 당시 한국은 원전 기술을 전혀 보유하지 못했고, 설계부터 건설까지 모두 미국에 의존했다. 그러나 이후 40년간 한국은 단계적으로 원전 기술을 습득했다. 1990년대 영광 원전부터는 한국이 설계와 건설을 주도했고, 2000년대 APR1400 개발로 완전 자립에 성공했다. APR1400은 한국이 독자 설계한 140만kW급 원전으로, 미국 원자력규제위원회(NRC)의 설계 인증까지 받았다. 이는 한국 원전이 국제 안전 기준을 충족한다는 의미다.

부품 국산화율도 95% 이상이다. 원자로 압력 용기, 증기 발생기, 터빈, 제어봉, 냉각 펌프 등 핵심 부품을 모두 국내에서 생산한다. 두산에너빌리티가 원자로와 증기 발생기를, 두산에너빌리티와 한국전력기술이 터빈을 생산한다. 이는 원전 건설과 운영 과정에서 해외 의존이 거의 없다는 뜻이다. 부품을 수입하지 않아도 되니 비용이 절감되고, 정비 기간도 단축된다. 기술 자립은 원전 수출의 필수 조건이다. 부품을 외국에 의존하면 수출 시 해당 국가의 승인을 받아야 하고, 정치적 변수에 휘둘린다. 한국 원전은 이 문제에서 자유롭다.

한국은 세계 5위의 원전 보유국이고, 가동률은 세계 2위다. 납기 준수율도 세계 최고 수준이며 기술 자립도도 95% 이상이다. UAE 바라카 원전 성공 사례는 한국 원전의 신뢰성을 전 세계에 입증했고, 체코 두코바니 원전 수주로 유럽 시장 진출을 위한 디딤돌을 마련했다. 원전 수출 계약 금액은 44조 원에 달하고, 이 추세대로라면 2030년까지 시장 점유율은 15~20%로 증가할 전망이다. 이것이 한국 원전이 "왕국"으로 분류되는 이유다. 한국은 단순히 원전을 많이 보유한 나라가 아니라 기술력, 건설 능력, 운영 능력, 수출 실적 모든 면에서 세계 최고 수준에 올라선 나라다.

이처럼 세계적인 기술력을 가진 한국 원전이 글로벌 시장에서 두각을 나타내기 시작했던 것은 UAE 바라카 원전을 수주하면서부터다. 2009년 한국은 UAE 바라카 원전 4기 건설 계약을 따냈다. 계약 규모는 약 20조 원으로 프랑스, 미국, 일본과의 경쟁에서 승리한 결과였다. 수주 성공을 이룩한 한국의 무기는 세 가지였다.

첫째, 가격 경쟁력이다.

한국형 원전(APR1400)은 프랑스나 미국 원전보다 건설비가 30% 저렴했다.

한국은 정확히 계약한 기한 내에 원전을 완공하기로 약속했다. 프랑스와 미국은 공기 지연으로 이미 악명 높았다.

셋째, 기술 이전이다.

한국은 UAE에 원전 운영 기술을 전수하고, UAE 기술자를 교육하기로 했다.

2020년 8월, 바라카 원전 1호기가 첫 상업 운전을 시작했다. 계약대로 납기를 지켰고, 안전성 테스트도 통과했다. 2024년까지 4기 모두 가동에 들어갔다. UAE는 한국 원전에 만족했다. 바라카 원전은 UAE 전체 전력 소비의 25%를 공급하고 있고, 연간 2,200만 톤의 탄소 배출을 줄이는 데 일조했다. UAE는 한국 원전을 "중동의 기적"이라 불렀다. 바라카 원전의 성공적인 건설과 가동은 한국 원전의 안정성과 우수성을 전 세계에 보여 준 대표적인 사례다.

체코 두코바니 원전, 24조 원 대형 계약

UAE 바라카 원전의 성공은 유럽이 한국 원전 산업의 고객이 되는 문을 열었다. 2024년 7월 17일, 체코 정부는 두코바니 원전 신규 건설 사업의 최종 우선협상대상자로 한국을 선정했다고 발표했다. 한국수력원자력(이하 '한수원'으로 약칭) 컨소시엄이 미국 웨스팅하우스와 프랑스 EDF를 제치고 승리를 거머쥔 것이었다. 계약 규모는 약 24조 원으로 UAE 바라카 원전 이후 한국이 따낸 두 번째 대형 원전 수출 계약이었다.

체코는 전 세계적인 탈원전의 흐름 속에서도 원전 확대를 고수해 온 나라다. 현재 두코바니와 테멜린 두 곳에 원전 6기를 운영 중이고, 전체 전력의 37%를 원전에서 얻는나. 체코 정부는 2050년까지 원전 비중을 50% 이상으로 늘릴 계획이고, 그 첫 단계가 두코바니 신규 원전 2기 건설이었다. 러시아산 에너지에 대한 의존도를 낮추고, 탄소 중립을 달성하기 위한 전략적 선택이었다.

한국이 체코 두코바니 원전 수주에서 승리한 이유는 세 가지다.

첫째, 가격이다.

한국형 원전(APR1400)은 프랑스 EPR보다 건설비가 30% 저렴했다.

둘째, 납기 준수다.

한국은 계약 수주를 위해 체코 정부 측에 UAE 바라카 원전을 계약대로 완공한 실적을 제시했다. 반면 경쟁자였던 프랑스 EPR은 공기 지연으로 악명 높았다. 가령 핀란드 올킬루오토 원전은 당초 계획보다 14년 지연됐고, 비용도 3배 초과했다. 영국 힌클리포인트 원전도 6년 이상 지연되고 있었다. 체코 정부는 납기 준수를 최우선 조건으로 삼았고, 한국만이 그 조건을 충족했다.

셋째, 안정성과 우수성에 대한 신뢰다.

UAE 바라카 원전의 성공은 한국 원전의 안정성과 우수성을 입증했다. 4기 모두 안전하게 가동 중이고, 고장 없이 안정적으로 운영되고 있었다.

주요 원전 수출 타임 라인

- 1959년: 미국으로부터 연구용 원자로를 처음 도입하며 한국 원자력 역사 시작.
- 1995년: 한국 표준형 원전(KSNP)인 영광(현 한빛) 3·4호기 준공으로 기술 자립 기반 마련.
- 2009년 12월: UAE 바라카 원전 수주(약 200억 달러). 한국형 노형 APR1400 4기를 건설하는 사상 첫 대형 원전 수출.
- 2010년: 요르단 연구용 원자로(JRTR) 건설 계약 체결(연구용 원자로 첫 수출).
- 2022년 8월: 이집트 엘다바 원전 2차측 건설 사업 수주(약 3조 원 규모 기자재·시공).
- 2024년 7월: 체코 신규 원전 건설 사업 우선협상대상자 선정. 웨스팅하우스(미국)와 EDF(프랑스)를 제치고 역대 두 번째 대형 원전 수주 발판 마련.
- 2025년 6월: 체코 두코바니 원전 2기 본계약 최종 체결(약 24조 원/180억 달러 규모). 2029년 착공, 2036년 상업 운전 목표.
- 2025년 4월: 미국 미주리 대학과 차세대 연구용 원자로(Nextgen MURR) 예비 설계 계약 체결. 원전 종주국인 미국에 역수출하는 쾌거 달성.

2026년 현재, 한수원은 체코 정부와 최종 계약 협상을 진행 중이다. 계약은 2026년 하반기에 체결될 예정이고, 첫 원전은 2036년 가동을 목표로 한다. 체코와의 계약이 확정되면, 한국 원전 산업은 UAE에 이어 유럽 시장 진출의 교두보를 확보하게 된다. 더 중요한 것은 파급 효과다. 체코 두코바니 원전 성공 사례는 폴란드, 루마니아, 불가리아 등 인근 동유럽 국가들의 원전 수주로 이어질 가능성이 크다. 이들 국가는 모두 러시아산 에너지에 대한 의존도를 낮추고자 원전 건설을 계획 중이다. 체코와의 계약은 그 시작이다. 이렇게 유럽 원전 시장이 열리고 있다.

SMR, 소형 모듈 원전의 등장

원전 르네상스의 또 다른 축은 SMR(Small Modular Reactor), 즉 소형 모듈 원전이다. 기존 원전은 대형이었다. 출력이 1,000MW(메가와트) 이상이고, 1기 건설에 10년 이상 걸리며, 비용도 수조 원에 달했다. 크기가 크다 보니 부지 선정도 어렵고, 방사능 유출 우려로 주민 반대도 심했다. 그러나 SMR은 다르다.

SMR은 출력이 300MW 이하로 작고, 공장에서 모듈 형태로 제작해 현장에서 조립한다. 건설 기간은 3~5년으로 짧고, 비용도 수천억 원 수준이다. 소형이다 보니 필요한 건설 부지 면적도 작고, 도시 근처나 산업 단지 내에도 설치할 수 있다. 무엇보다 안전하다. 만일 사고가 나도 냉각수 없이 자연 대류로 열을 식히는 피동 안전 시스템을 갖췄다. 후쿠시마 원전 사고 같은 일은 원천적으로 불가능하다.

최근 전 세계가 SMR에 주목하고 있다. 미국은 2025년 SMR 상용화에 성공했다. 뉴스케일파워가 개발한 SMR이 아이다호주에서 첫 가동을 시작했다. 영국, 프랑스, 캐나다도 SMR 개발에 막대한 투자를 쏟아붓고 있다. 중국과 러시아도 자체 SMR을 개발 중이다. SMR 시장은 2030년까지 연간 1,500억 달러 규모로 성장할 전망이다.

한국도 SMR 개발에 뛰어들었다. 한국형 SMR인 'i-SMR'은 한국원자력연구원과 두산에너빌리티가 공동 개발 중이다. 2028년 표준 설계 인증을 받고, 2032년 첫 상업 운전을 하는 것을 목표로 한다. 출력은 170MW급으로, 소규모 도시나 산업 단지에 적합하다. 사우디아라비아와 폴란드가 i-SMR 도입에 관심을 보이고 있고, 2027년 수출 계약이 성사될 가능성이 크다.

SMR 개발에서 빼놓을 수 없는 기업이 현대건설이다. 현대건설은 UAE 바라카 원전 4기 건설을 주도한 경험을 바탕으로, SMR 건설 기술을 확보하고 있다. 원전 건설은 단순히 철근을 세우고 콘크리트를 붓는 일반 건설과 차원이 다르다. 방사선 차폐, 지진 내구성, 냉각 시스템 배관, 격납 구조물 등 고도의 전문 기술이 필요하다. 현대건설은 바라카 원전을 통해 이 모든 노하우를 축적했다.

현대건설은 한국원자력연구원, 두산에너빌리티와 함께 i-SMR 컨소시엄을 구성했다. 현대건설의 역할은 SMR 모듈화 건설 기술 개발이다. SMR은 공장에서 모듈을 제작해 현장에서 조립하는 방식이기 때문에 모듈 운송, 현장 조립, 품질 관리가 핵심이다. 대형 원전은 현장에서 모든 것을 건설하지만, SMR은 공장에서 80% 이상을 완성하고 현장에서는 조립만 한다. 이는 건설 기간을 대폭 단축하고, 품질 편차를 줄이며, 비용을 절감하는 효과가 있다. 현대건설은 2025년 경주에 SMR 실증 플랜트 건설을 시작했고, 2028년 완공을 목표로 하고 있다.

현대건설은 미국 SMR 시장에도 진출했다. 2025년 미국 에너지부(DOE)가 주관하는 SMR 시범 사업에 참여를 신청했고, 텍사스

주와 협력해 SMR 건설 타당성 조사를 진행 중이다. 미국은 2030년까지 SMR 20기 이상을 건설할 계획이고, 현대건설은 이 중 일부를 수주하는 것을 목표로 삼고 있다. 만약 미국 SMR 수주가 성사되면, 현대건설은 글로벌 SMR 건설 시장에서 주요 플레이어로 자리 잡게 된다.

현대건설의 또 다른 강점은 데이터 센터-SMR 패키지다. AI 데이터 센터는 막대한 전력을 소비하고, 24시간 내내 안정적인 전력 공급이 필수다. 현대건설은 데이터 센터 건설과 SMR 건설을 패키지로 제공하는 사업 모델을 개발 중이다. 데이터 센터 옆에 SMR을 지어 전력을 직접 공급하는 구조다. 이는 송전 손실이 없고, 전력 비용도 절감된다. 여기에 구글, 마이크로소프트, 아마존 같은 빅테크 기업들이 관심을 보이고 있고, 2026년 하반기 구체적인 계약 협상이 예상된다. 현대건설은 원전 건설뿐 아니라, SMR과 데이터 센터를 결합한 새로운 비즈니스 모델을 제시하며 글로벌 원전 시장을 선도하고 있다.

대한민국의 주요 원전 기업들

한국 원전 산업의 중심에는 두산에너빌리티가 있다. 두산에너빌리티는 원전의 핵심 설비인 원자로, 증기 발생기, 가압기를 생산한다. UAE 바라카 원전의 핵심 설비도 두산에너빌리티가 공급했다. 비상계엄령 이후 두산에너빌리티의 주가는 큰 폭으로 상승했고,

수주 잔고도 크게 증가했다. 원전 수출 재개와 SMR 개발이 주가 상승의 주요 동력이었다.

두산에너빌리티의 강점은 기술력과 생산 능력이다. 전 세계에서 원자로 압력 용기를 제작할 수 있는 기업은 손에 꼽힌다. 프랑스의 프라마톰(구 아레바), 일본의 미쓰비시중공업, 러시아의 아톰에너고매시, 그리고 한국의 두산에너빌리티다. 중국도 자체 생산 능력을 확보했지만, 품질은 아직 검증되지 않았다. 두산에너빌리티는 UAE 바라카 원전을 통해 신뢰성을 입증했고, 글로벌 시장에서 경쟁력을 인정받았다. 체코 두코바니 원전에도 두산에너빌리티의 설비가 공급될 예정이다.

두산에너빌리티 주가(2024~2026년)

한전기술은 원전 설계 전문 기업이다. 한국형 원전 APR1400의 설계를 담당했고, UAE 바라카 원전 프로젝트에서 엔지니어링을 총괄했다. 한전기술은 원전 설계뿐 아니라 건설 관리, 시운전, 운영 지원까지 원전 건설 및 운영의 전 과정을 수행할 수 있는 능력을 보유했다. 원전 수출에서 설계와 엔지니어링은 핵심이다. 원전은 건설 후 60년 이상 운영되기 때문에 설계 기업은 장기적으로 유지 보수와 기술 지원 계약을 통해 안정적인 수익을 얻는다. 체코 두코바니 원전 건설 프로젝트에서도 한전기술이 설계와 엔지니어링을 담당한다.

한국전력의 자회사인 한국수력원자력(이하 '한수원'으로 약칭)은 국내 원전 운영 기업이자 해외 원전 수출의 주체다. 한국에는 현재 24기의 원전이 가동 중이고, 한수원이 모두 운영한다. 한수원은 세계에서 매우 높은 수준의 원전 가동률을 자랑한다. 2025년 기준 한국 원전의 평균 가동률은 85%로, 세계 평균 80%를 크게 상회한다. 높은 원전 가동률은 안전성과 효율성을 입증한다. 한수원은 UAE 바라카 원전 운영에도 참여 중이고, 향후 체코 두코바니 원전을 비롯해 한국이 수출하는 모든 원전의 운영 지원도 담당할 예정이다.

건설주들도 빼놓을 수가 없다. 현대건설, 대우건설, DL이앤씨 등은 이제 단순히 집을 짓는 기업들이 아니다. 이들은 적극적인 해외 원전 프로젝트 참여를 통해 국내 건설 경기 침체를 극복하고 있다. 현대건설은 불가리아 코즐로두이 원전 설계 계약, 미국 페르미 아메리카와 대형 원전 4기 건설 기본 설계 계약 등을 체결했다. 그 밖에 SMR 건설 사업도 활발하게 추진 중이다. 대우건설은 체코 두코바니 원전 프로젝트를 수주한 '팀코리아' 컨소시엄의 일부다. DL이앤씨는 미국 SMR 선도 기업인 엑스에너지와 1,000만 달러 규모의 SMR 표준화 설계 계약을 체결하며 SMR 시장에 진출했다. 이들은 모두 국내 원전 사업에 참여했었고, 그 경험과 기술력을 바탕으로 해외 원전 시장에 속속 진출하고 있다.

2026년 현재, 한국은 여러 국가와 원전 수출 협상을 진행 중이다. 체코 두코바니 원전은 계약 막바지 단계이고, 폴란드도 원전 6기 건설을 계획하고 있다. 폴란드는 한국과 미국 웨스팅하우스를 두고 최종 선택을 고민 중이다. 계약 규모는 약 30조 원으로 추정된다. 사우디아라비아는 2030년까지 원전 2기를 건설할 계획이고, 한국의 APR1400에 관심을 보이고 있다. 이란 전쟁 이후 에너지 안보가 중요해지면서, 사우디아라비아는 원전 도입을 적극 검토 중이다.

원전 수출은 단순히 설비를 파는 게 아니다. 건설, 연료 공급, 운영, 유지 보수, 해체까지 60년 이상의 장기 프로젝트다. 1건의 원전 수출은 수십조 원 규모의 경제 효과로 이어진다. UAE 바라카 원전의 경우, 초기 계약 금액인 20조 원에 더해 연료 공급과 유지 보수 계약 금액까지 합치면 총 경제 효과의 규모는 40조 원이 넘는다. 향후 30년간 안정적인 수익이 보장되는 구조다.

게다가 원전 수출은 기술 자립도를 높인다. 원전은 고도의 기술 집약 산업이다. 재료 공학, 기계 공학, 전기 공학, 제어 시스템, 안전 설계 등 다양한 분야의 기술이 결합된다. 원전을 설계하고 건설하는 과정에서 관련 산업 전체가 발전한다. UAE 바라카 원전 프로젝트를 통해 한국의 원전 기술은 한 단계 도약했고 이는 조선, 플랜트, 중공업 등 다른 산업으로도 파급됐다.

원전주의 리스크 요인

첫째, 원전 사고 리스크다.

후쿠시마 원전 사고 이후 원전에 대한 대중의 불안감은 여전하다. 만약 어딘가에서 대형 원전 사고가 발생하면, 전 세계적으로 원전 정책이 후퇴할 수 있다. 그러나 현대 원전은 후쿠시마 원전 사고 당시보다 안전성이 크게 향상됐다. 특히 SMR은 피동 안전 시스템을 갖춰 사고 가능성 자체가 극히 낮다. 한국형 원전인 APR1400도 후쿠시마 원전 사고 이후 개선된 안전 설계를 적용했고, UAE에서 안전하게 운영되고 있다.

둘째, 정치적 변수다.

원전 정책은 정부에 따라 크게 바뀐다. 한국에서도 정권이 바뀔 때마다 탈원전과 원전 확대를 오가며 정책이 반복됐다. 정치적 불확실성은 원전 투자의 가장 큰 리스크다. 그러나 2026년 현재 전 세계적으로 원전 르네상스가 진행 중이고, 탄소 중립 목표 달성을 위해 원전이 불가피하다는 공감대가 형성되고 있다. 정치적 리스크는 과거보다 줄어들었다.

셋째, 경쟁이다.

프랑스, 미국, 러시아, 중국 모두 원전 수출 시장을 노린다. 특히 러시아는 저가 공세로 동유럽과 중동 시장을 공략하고 있다. 중국도 가격 경쟁력을 앞세워 아프리카와 동남아시아에 진출 중이다.

그러나 한국은 UAE 바라카 원전과 체코 두코바니 원전 계약으로 전 세계를 상대로 신뢰성을 입증했고, 가격과 품질의 균형이 뛰어나다. 글로벌 경쟁이 치열하지만, 한국형 원전의 승산은 충분하다.

원전 산업은 화려하지 않다. 조선이나 방산처럼 수주 발표로 주가가 급등하지도 않는다. 그러나 원전은 든든하다. 60년 이상 안정적으로 전력을 공급하고, 탄소를 배출하지 않으며, 에너지 안보를 지키는 에너지 공급원이기 때문이다. 원전 없는 탄소 중립은 불가능하고, 원전 없는 AI 시대도 상상할 수 없다.

한국 원전은 UAE에서 기적을 만들었고, 체코를 발판 삼아 유럽 시장의 문을 열었다. 그 기세로 폴란드, 사우디아라비아로 글로벌 시장에서 영토를 확장하고 있다. 또한 SMR이라는 새로운 시장을 열고 있고, 현대건설은 데이터 센터와 SMR을 결합한 새로운 비즈니스 모델을 제안하며 시장을 선도하고 있다. 2026년 현재, 한국 원전 산업은 부활을 넘어 도약을 준비 중이다.

왕국은 조용하지만, 강하다. 원전 산업이 그렇다. 그리고 그 왕국은 지금 세계로 뻗어 나가고 있다.

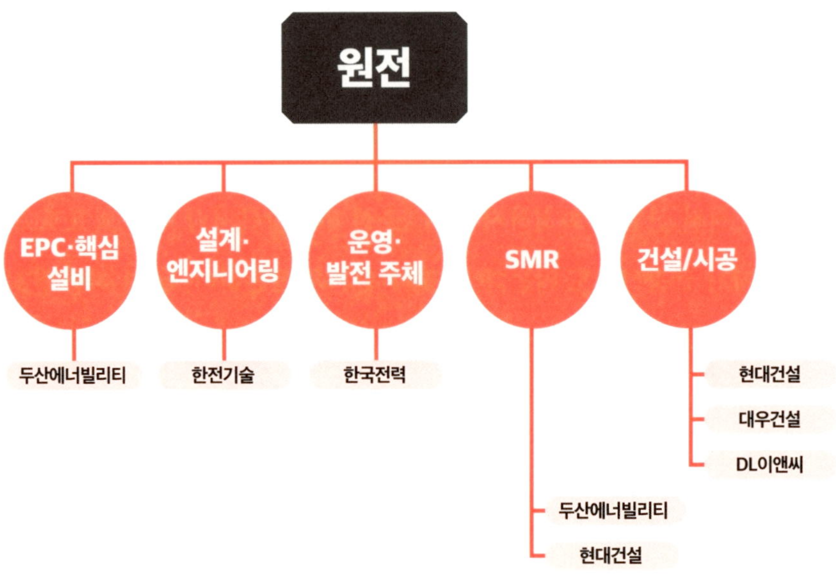

원전 코스피·코스닥 투자 판단표

시장	기업	종목 코드	투자 포인트	ACTION
코스피	두산에너빌리티	034020	원전 핵심 설비 공급, SMR 개발, 글로벌 신뢰성 입증, 원자로 압력 용기 제작 역량, 체코 설비 공급 예정	●
코스피	한전기술	052690	APR1400 설계, UAE·체코 설계·엔지니어링 수행, 원전 생애 주기 엔지니어링, 장기 유지 보수 수익 구조	●
코스피	현대건설	000720	바라카 원전 건설 경험, SMR 모듈화 건설, 데이터 센터-SMR 패키지	◎
코스피	대우건설	047040	체코 두코바니 원전 팀코리아 참여	◎
코스피	DL이앤씨	375500	엑스에너지와 SMR 표준화 설계 계약	◎

CHAPTER 5

배터리
에너지 전환의 핵심

왕국

2022년, 전기차 황금기의 서막: 테슬라가 바꾼 세상

2022년, 전 세계는 전기차의 물결에 휩싸였다. 마치 애플이 아이폰을 들고 나와 노키아를 무너뜨렸듯이, 테슬라는 자동차를 한 번도 만들어 본 적 없는 회사임에도 불구하고 GM, 포드, 폭스바겐 같은 100년 역사의 자동차 회사들을 위협했다.

2022년은 전기차 대중화의 원년이었다. 그해에 전 세계 전기차 판매량은 1,000만 대를 돌파했다. 전년 대비 60% 성장이었다. 전체 자동차 판매에서 전기차가 차지하는 비중은 14%에 달했다. 도로를 달리는 자동차 10대 중 1대 이상이 전기차인 시대가 온 것이다. 불과 5년 전인 2017년만 해도 전기차 비중은 1%에 불과했다.

2022년 8월, 미국에서는 인플레이션 감축법(IRA)이 통과됐다. IRA 는 미국에서 생산되거나 미국과 자유 무역 협정(FTA)을 맺은 국가 에서 만든 배터리에만 세액 공제 혜택을 주는 법안이다. 미국은 이 법안에 따라 전기차 1대당 최대 7,500달러(약 1,000만 원)의 보조금 을 지급했다. IRA는 한국 배터리 업계에 엄청난 호재였다. 한국은 미국과 FTA를 맺은 국가였고, LG에너지솔루션, 삼성SDI, SK온은 이미 미국에 공장을 짓고 있었다.

테슬라는 2021년 기준 시가 총액 1조 달러를 돌파하며 토요타를 제쳤다. 전기차는 더 이상 미래가 아니라 현재였다. 각국 정부는 탄 소 중립을 선언하며 전동화 계획을 발표했다. EU는 2035년부터 내 연기관차 판매 금지를 확정했고, 미국은 바이든 행정부가 2030년까 지 신차 판매의 50%를 전기차로 전환하겠다고 밝혔다. 중국은 이 미 2025년까지 전기차 비중 20%를 목표로 세웠다.

이러한 흐름을 타고 자동차를 만들어 본 적 없는 스타트업들이 갑자기 등장해 전기차를 출시했다. 리비안은 아마존의 투자를 받 아 전기 픽업트럭을 내놓았고, 루시드는 "테슬라 킬러"로 불리며 럭 셔리 전기 세단을 출시했다. 중국에서는 니오, 샤오펑, 리오토 같은 전기차 스타트업들이 폭발적으로 성장했다.

내연기관차 생산 중심의 전통 자동차 회사들은 패닉에 빠졌다. 하지만 시대적 흐름을 거스를 수는 없었다. GM은 2035년까지 내 연기관차 생산을 중단하겠다고 선언했고, 포드는 전기 픽업트럭 F-150 라이트닝에 수십억 달러를 투자했다. 폭스바겐은 2030년까지 전기차 70종을 출시하겠다고 발표했다. 현대차와 기아도 전기차 전용 플랫폼 E-GMP를 선보이며 아이오닉5, EV6로 글로벌 전기차 시장에 도전장을 내밀었다.

배터리는 이 모든 변화의 핵심이었다. 전기차의 가격, 주행 거리, 충전 시간은 모두 배터리 성능에 달려 있었다. 배터리가 곧 전기차였다. 한국은 이 배터리 시장에서 세계 2위였다. 2021년, 한국 배터리 3사(LG에너지솔루션, 삼성SDI, SK온)는 전 세계 배터리 시장에서 약 30%의 점유율을 차지했다. 1위는 중국 CATL(약 35%)이었지만, 한국은 프리미엄 전기차 배터리 시장에서 압도적인 우위를 보였다. 왕국이 건설되는 순간이었다.

2023년 상반기 황금기: NCM의 우수성과 전기차 열풍

2023년 초, 전기차 시장은 폭발적으로 성장했다. 2022년 전 세계 전기차 판매량은 1,050만 대였고, 2023년에는 1,400만 대로 33% 증가할 것으로 예상됐다. 2025년에는 2,000만 대, 2030년에는 4,000만 대로 증가한다는 전망이 지배적이었다. 바야흐로 전기차 시대가 도래했다. 그리고 한국 배터리가 그 중심에 서 있었다.

한국 배터리의 강점은 NCM(니켈·코발트·망간) 기술이었다. NCM 배터리는 에너지 밀도가 높다. 2023년 기준 한국 NCM 배터리의 평균 에너지 밀도는 약 270Wh/kg이었다. 쉽게 말해 같은 무게로 더 오래 달릴 수 있다는 뜻이다. 반면 중국의 LFP(리튬인산

철) 배터리는 에너지 밀도가 160~180Wh/kg에 불과했다. 한국산 배터리를 장착한 전기차는 1회 충전으로 600km 이상 주행할 수 있었지만, 중국산 LFP 배터리는 400km 정도가 한계였다.

프리미엄 전기차는 모두 한국산 배터리를 썼다. 테슬라 모델 S와 모델 X, BMW iX, 포르쉐 타이칸, 제네시스 전동화 모델은 LG에너지솔루션이나 삼성SDI의 배터리를 탑재했다. 고급 전기차 시장에서 한국산 배터리의 점유율은 60% 이상이었다. 중국산 LFP 배터리는 저가 전기차에나 들어갔다. BYD나 우링 같은 중국 브랜드가 주요 고객이었다. 한국과 중국은 시장이 분리돼 있었다. 한국은 프리미엄, 중국은 저가로. 그리고 시장은 프리미엄 배터리를 만드는 기업이 더 빠르게 성장하리라고 예상했다.

2023년 상반기, 배터리주는 그야말로 폭발했다. 전기차 시장 성장에 대한 기대감과 한국산 배터리의 기술 우위가 맞물린 결과다. 투자자들은 "한국 배터리가 반도체 다음을 잇는 국가 기간산업이 될 것"이라며 환호했다. LG에너지솔루션, 삼성SDI 같은 배터리 제조사는 물론이고 양극재 등의 배터리 소재를 만드는 기업들의 주가도 폭등했다. 에코프로그룹, 포스코그룹은 배터리 밸류 체인에 포함되며 주가의 폭발적 상승을 이어 갔다.

2023년 하반기~2025년 암흑기: 기대와 현실의 괴리

그러나 2023년 하반기, 균열이 시작됐다. 전기차 판매 증가율이 예상보다 낮았다. 2023년 전 세계 전기차 판매량은 1,400만 대로 전년 대비 33% 이상 성장했으나 2024년 판매량은 1,760만 대로 성장률이 26%로 둔화됐다. 2025년 판매량은 2,150만 대 수준으로 성장률은 20% 초반까지 떨어졌다. 특히 중국 내수를 제외하면 전 세계 전기차 판매량의 급감 상황은 더 심각했다.

이유는 여러 가지였다. 첫째, 충전 인프라가 부족했다. 전기차를 사고 싶어도 충전소가 없었다. 특히 유럽과 미국 외곽 지역은 충전소 밀도가 낮아 장거리 여행이 어려웠다. 둘째, 전기차 가격이 여전히 비쌌다. 내연기관차보다 30~40% 비쌌고, 보조금이 줄어들면서 가격 부담이 커졌다. 셋째, 소비자들이 배터리 수명과 안전성을 우려했다. 배터리 화재 사고가 간간이 발생했고, 언론이 이를 크게 보도하면서 불안감이 커졌다. 결정적으로 2024년 8월 인천 청라의 한 아파트 지하 주차장에서 발생한 벤츠 전기차 화재 사건은 전기차 구매 심리를 얼어붙게 만들었다. 당시 수백 대의 차량이 전소되며 전기차가 기피 대상이 됐다.

2024년 11월, 도널드 트럼프가 다시 대통령에 당선됐다. 그리고 2025년 1월 취임 직후, 그는 전기차 보조금 폐지를 선언했다.

"전기차는 시장에서 스스로 경쟁해야 한다. 정부 보조금은 납세자의 돈 낭비다."

미국 전기차 시장은 즉각 타격을 입었다. 보조금이 사라지자 전기차 가격은 실질적으로 상승했고, 판매량 증가율은 급격히 둔화됐다. 2025년 미국 전기차 판매량은 전년과 비슷한 수준에 그쳤다. 4분기에 연방 세액 공제 혜택이 중단됐기 때문이다. 이전까지 연평균 30% 성장하던 것과 대조적이었다.

유럽도 상황은 비슷했다. 독일, 프랑스, 영국 모두 재정 압박으로 전기차 보조금을 축소했다. 2024년까지 전기차 구매 시 5,000~7,000유로를 보조금으로 지원했지만, 2025년에는 2,000~3,000유로로 지원 규모를 줄었다. 전기차 판매 증가율은 유럽에서도 둔화됐다.

더 큰 문제는 중국산 LFP 배터리의 반격이었다. 중국 CATL과 BYD는 LFP 배터리 기술을 개선했다. 비교적 낮았던 에너지 밀도를 200Wh/kg까지 끌어올렸다. 여전히 NCM 배터리의 에너지 밀도보다 낮았지만, 격차가 줄어들었다. 배터리 성능은 나아진 반면 가격은 NCM 배터리의 절반 수준이었다. LFP 배터리는 kWh당 80달러, NCM 배터리는 120달러였다. 전기차 제조사들은 계산기를 두드렸다.

"에너지 밀도가 조금 낮아도 가격이 저렴하면 소비자들은 살 것이다."

테슬라가 먼저 움직였다. 2021년 테슬라는 모델3 스탠더드 레인지에 중국 CATL의 LFP 배터리를 탑재했다. 가격을 낮추기 위해서였다. 포드와 GM도 이 흐름을 따라갔다. 저가 전기차 모델에는 LFP 배터리를 쓰고, 고급 모델에만 NCM 배터리를 쓰는 전략이었다. 폭스바겐도 2025년 ID.3 모델에 LFP 배터리를 탑재했다.

한국산 배터리의 점유율은 계속 밀렸다. 2023년 전 세계 배터리 시장에서 한국산 배터리의 점유율은 약 23%였다. 상황은 개선될 기미가 보이지 않았다. 2024년 20%, 2025년 15%로 한국산 배터리의 시장 점유율은 점차 하락했다. 반면 같은 기간 중국산 배터리의 시장 점유율은 64%에서 70%로 증가했다. 그야말로 LFP 배터리의 약진이었다. 한국산 배터리 3사는 가격 인하 압박에 시달렸다. 완성차 업체들은 "중국보다 비싸면 주문을 줄이겠다"라고 협박했다. 수익성이 악화됐음은 물론이다.

각국의 전동화 계획도 늦춰졌다. EU는 2035년까지 내연기관차를 완전히 퇴출하겠다는 목표를 재검토하겠다고 밝혔다. 미국은 트럼프 행정부 아래에서 전동화 의무 규정을 완화했다. 자동차 업체들은 "소비자 수요가 따라오지 않는데 무리하게 전동화하면 손해"라며 전기차 생산 계획을 축소했다. GM은 2025년 전기차 생산 목표를 20% 하향 조정했다. 포드도 일부 전기차 공장 건설을 연기했다.

상황이 이렇게 변하다 보니 배터리주의 주가는 처참했다. 2023년 상반기 고점 대비 2025년 말 주가가 절반 이하로 떨어졌다. 투자자들은 "전기차 시대는 아직 멀었다"라며 실망했다. 한국 배터리 3사는 공장 증설 계획을 연기하거나 취소했다. 수익성도 나빠져서 영업이익률은 2023년 10% 이상에서 2025년 5~7%로 하락했다. 원자재 가격(리튬, 니켈, 코발트) 급등과 완성차 업체의 가격 인하 압박이 겹친 결과다.

2023년 상반기, 한국 배터리는 미래의 희망이었다. 하지만 2025년 말, 한국 배터리는 고전하는 산업이 되었다. 2년 만에 천국에서 지옥으로 떨어진 셈이다.

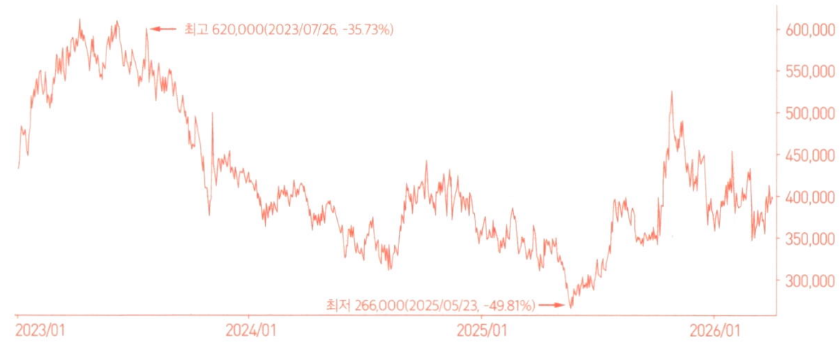

LG에너지솔루션 주가(2023~2026년)

전쟁과 ESS가 가져온 판도의 변화

하지만 이란 전쟁이 자동차 시장의 판도를 다시 바꾸고 있다. 이란 전쟁으로 국제 유가가 단기간에 40% 급등하면서, 내연기관차들의 유지비가 치솟았다. 이런 상황은 곧 전기차 수요의 확대로 이어진다. 2022년 러시아-우크라이나 전쟁 당시 국제 유가가 치솟았는데, 이는 2022년 상반기 전기차 수요가 급증하는 기폭제로 작용했다. 게다가 지금은 2022년 당시보다 전기차의 상품성이 대폭 강화됐다. 지난 4년 동안 자동차 제조사들은 꾸준한 연구를 통해 훨씬 주행 거리가 길고 연비가 좋은 전기차를 만들게 됐다. 전기차 시장이 규모의 경제를 형성하면서 차량 가격도 하락했다. 이제 보조금을 받으면 내연기관차와 가격 차이가 크지 않다. 트럼프는 누구보다 전기차에 적대적인 정책을 펼쳤지만, 아이러니하게도 그가 일으킨 이란 전쟁으로 전기차 업계는 다시 희망을 가지게 됐다.

한편 배터리 산업이 전기차 수요 하락으로 고전하는 동안, 다른 시장이 폭발하고 있었다. 바로 ESS(Energy Storage System, 에너지 저장 시스템)다.

ESS는 배터리에 전기를 저장했다가 필요할 때 방출하는 시스템이다. 주로 재생 에너지와 결합돼 쓰인다. 태양광 발전은 낮에만, 풍력 발전은 바람이 불 때만 가동된다. 그러나 전력 수요는 24시간 내내 요구된다. 따라서 낮에 태양광으로 생산한 전기를 ESS에 저장했다가 밤에 쓰는 것이 기본 원리다. 재생 에너지 비중이 높아질수록 ESS는 필수다.

2025년 이후 AI가 폭발적으로 성장하면서 전력 수요도 급증했다. 챗GPT, 클로드, 제미나이 같은 AI 모델은 엄청난 전력을 소비했다. 데이터 센터가 대규모로 증설됐고, 전력망은 부담을 느꼈다. 미국 캘리포니아주는 2025년 여름 전력 부족 경보를 발령했다. 한국도 2025년 여름 전력 예비율이 10% 아래로 떨어졌다. 전력난이 현실로 성큼 다가왔다.

해법은 발전소를 더 짓는 것이었다. 그런데 원전은 짓는 데만 10년 이상 걸린다. 부지 선정, 인허가, 건설, 시운전까지 아무리 빨라도 최소 10년이다. 석탄 발전소는 탄소를 배출해서 안 된다. LNG 발전소는 빠르게 지을 수 있었지만, 역시 탄소를 배출한다. 전 세계적인 추세인 탄소 중립 목표와 충돌한다.

가장 나은 답은 태양광이었다. 태양광 발전소는 빠르게 지을 수 있다. 부지만 확보되면 6개월~1년 안에 완공이 가능하다. 비용도 저렴하다. kWh당 발전 단가가 원전이나 LNG보다 낮다. 미국, 유럽, 중국 모두 태양광 발전소 설치를 급속히 확대했다. 2025년 전 세계 태양광 발전소 신규 설치 용량은 약 400GW로, 전년 대비 50% 증가했다. 태양광 발전소는 2030년까지 연간 700GW 이상 설치될 전망이다.

그런데 태양광 발전소는 낮에만 가동된다. 해가 없는 밤에는 쓸모가 없다. 따라서 태양광 발전소 운영에는 ESS가 필수다. 낮에 생산한 전기를 ESS에 저장했다가 밤에 쓰는 것이다. 자연스럽게 태양광 발전소 건설 시 ESS도 함께 설치하는 것이 표준이 됐다. 태양광 1GW를 설치하면, ESS 0.5GW도 함께 설치했다.

ESS 시장의 폭발적 성장과 제동이 걸린 중국산

ESS 시장은 폭발했다. 2023년 전 세계 ESS 설치량은 약 90GWh였다. 그러던 것이 2024년 200GWh, 2025년 300GWh로 증가했다. 연평균 성장률이 80% 이상이었다. 2030년에는 1,000GWh를 넘을 전망이다. 전기차 배터리 시장이 2025년 약 800GWh였으니, ESS는 이미 전기차 배터리 시장의 30% 규모로 성장한 셈이다. 그리고 성장 속도는 ESS가 훨씬 빨랐다.

미국은 2022년 IRA로 ESS 설치에 세액 공제 30%를 제공했다. 캘리포니아, 텍사스, 플로리다 같은 태양광 발전이 중심인 주에서 ESS 설치가 급증했다. 2025년 미국 ESS 설치량은 약 58GWh였고, 2030년에는 400GWh로 증가할 전망이다.

중국도 ESS 설치를 적극 추진했다. 중국 정부는 2030년까지 재생 에너지 비중을 50%로 높이겠다는 목표를 세웠고, 이를 위해 대규모 ESS 설치를 의무화했다. 2025년 중국 ESS 설치량은 약 190GWh였고, 2030년에는 350GWh로 증가할 전망이다.

유럽에서도 ESS 시장은 빠르게 성장했다. 독일, 영국, 프랑스는 탄소 중립 달성을 위해 재생 에너지 비중을 높이고 있었고, 전력망 안정화를 위해 ESS 설치를 장려했다. 2025년 유럽 내 ESS 설치량은 약 27GWh였고, 2030년에는 200GWh로 증가할 전망이다.

점차 시장 규모가 확대되고 있는 ESS 시장은 전기차 시장과 다른 측면들이 있다.

첫째, 정부 지원이 안정적이다.

전기차는 정권에 따라 보조금 정책이 들쭉날쭉했지만, ESS는 AI에 필요한 전력 수급과 관련된 장치이기 때문에 지원이 지속적이다. 당장 많은 전기가 필요한 데이터 센터를 운영하려면 필수적인 시설이라는 점에서 ESS 지원은 장기적으로 유지될 가능성이 크다.

둘째, 가격 민감도가 낮다.

전기차는 소비자가 가격을 민감하게 따졌지만, ESS는 유틸리티 기업이나 정부가 주요 고객이다. 이들은 가격보다 안전성과 신뢰성을 중시한다. 즉, 제품이 10년 이상 안정적으로 작동하는 것이 중요하다. 따라서 검증된 기업의 제품을 선호하고, 가격 인하 압박도 전기차보다 약하다.

셋째, 장기 계약이 많다.

유틸리티 기업들은 10년 이상 장기 계약을 선호한다. ESS를 설치하고 10년간 유지 보수와 부품 공급을 보장받는 구조다. 이는 배터리 기업에 안정적인 수익을 보장한다.

그런데 ESS 시장도 중국이 지배하고 있다. 2025년 전 세계 ESS 시장에서 중국 점유율은 약 80%였다. CATL이 1위, BYD가 2위였다. 중국은 LFP 배터리로 ESS 시장을 공략했다. LFP 배터리는 에너지 밀도가 낮지만, 수명이 길고 안전하다. ESS는 에너지 밀도보다 수명과 안전성이 중요하기 때문에 LFP 배터리가 적합하다. 게다가 LFP 배터리는 가격도 저렴하다. LFP 배터리에서 우위를 차지하고 있는 중국은 ESS 시장에서도 압도적이다.

미국도 중국산 ESS를 대량으로 수입했다. 2025년 미국 ESS 시장에서 중국산 점유율은 약 80%였다. 저렴한 가격 때문이었다. 미국 유틸리티 기업들은 비용 절감을 위해 중국산을 선호했다.

2026년 2월, 미국 하원 의원 그레그 스튜비는 중국산 ESS 수입을 금지하는 법안을 발의했다. 법안 이름은 'Countering Harmful Adversarial Rechargeable and Generative Energy Act'로 머리글자를 따서 CHARGE 법안이라고 약칭한다. 이 법안의 명분은 국가 안보였다. 미·중 경제안보검토위원회(USCC) 보고서에 따르면, 중국산 ESS는 미국의 전력망 안보에 심각한 위협을 가할 수 있었다. USCC 보고서는 구체적인 위협 시나리오를 제시했다. ESS는 전력망에 직접 연결되고, 원격으로 제어된다. 만약 중국 정부가 ESS 제어 소프트웨어와 통신 모듈에 백도어(Backdoor, 비인가 접근을 허용하는 비밀 통로)를 심어 놨다면, 언제든지 ESS를 원격으로 차단하거나 오작동시킬 수 있다. 만일 미국 전역의 ESS가 동시에 멈추면 전력망이 마비될 수 있다. 특히 재생 에너지 비중이 높은 캘리포니아나 텍사스에서는 재앙적 결과가 초래될 수 있다.

미국은 이미 2019년 화웨이 통신 장비를 국가 안보 위협으로 규정하고 사용을 금지했다. 중국산 ESS 사용 제재도 같은 맥락이었다. 전력망은 국가 기반 시설의 핵심이고, 이를 중국에 의존하는 것은 위험하다는 판단이었다. 특히 2025년 이후 미·중 갈등이 격화되면서, 미국은 핵심 인프라에서 중국 제품을 배제하는 정책을 강화하고 있었다.

스튜비 의원의 법안은 초당적 지지를 받았다. 공화당과 민주당 모두 중국 견제에 대해서는 의견이 일치했다. CHARGE 법안은 2026년 상반기 하원을 통과할 가능성이 크고, 상원 통과와 대통령 서명도 무난할 것으로 예상된다. 법안이 통과되면, CATL과 BYD가 생산한 ESS는 미국 시장에서 퇴출된다.

중국산 ESS가 미국 시장에서 퇴출되면, 그 빈자리를 누가 채울 것인가? 바로 한국이다. 2025년 미국 ESS 시장에서 중국산 점유율은 80%였다. 이들이 사라지면 연간 약 45GWh의 공백이 생긴다. 2030년까지 미국 ESS 시장이 400GWh로 성장하면, 기존의 중국산 점유율 80% 기준으로 320GWh가 비게 된다.

LG에너지솔루션, 삼성SDI, SK온은 이미 미국 시장에서 신뢰를 확보했다. 미국 유틸리티 기업들과 협력 관계를 맺고 있고, 미국 내 생산 공장도 운영 중이다. 2022년 IRA 법안은 북미산 또는 FTA 체결국에서 생산한 배터리에 세액 공제 혜택을 제공했다. 한국은 미국과 FTA를 체결했고, 미국 내 생산 공장도 늘리고 있었다. 이와 같은 맥락에서 중국산 ESS의 미국 시장 퇴출은 한국 배터리 3사에 구조적 호재다.

한국 배터리 3사는 미국 내 ESS 생산 능력을 대폭 확대할 계획이다. 미국 공장을 증설하고, 텍사스와 애리조나에 신규 공장을 건설할 예정이다. 2025년 한국산 ESS의 점유율은 약 10%였지만, 2030년까지 50% 이상으로 높이는 것이 목표다. 중국이 빠진 자리를 한국이 채우는 구조다.

ESS는 전기차보다 발전 가능성이 무궁무진하다. 전기차는 소비자 중심 시장이고, 경기 변동과 정책 변화에 민감하다. 그러나 ESS는 인프라 시장이다. 전력망은 사회 필수 인프라이고, 투자가 지속적으로 이뤄진다.

이란 전쟁으로 석유, 가스 등 화석 연료 에너지 가격이 폭등하는 상황에서 태양광 발전이 주목받고 있다. 이렇게 태양광이 유력한 에너지원으로 떠오르는 상황에서 ESS의 중요성은 더욱 커진다. 2030년까지 전 세계 태양광 설치 용량은 5,000GW를 넘을 전망이다. 이 중 절반이 ESS와 결합된다면, ESS 시장은 2,500GWh 규모다. 이는 전기차 배터리 시장(2030년 약 2,000GWh 예상)보다 큰 수치다.

게다가 ESS는 다양한 용도로 확장이 가능하다. 유틸리티급 대형 ESS뿐 아니라, 상업용 ESS(공장, 쇼핑몰), 가정용 ESS, 데이터 센터 백업 ESS, 전기차 충전소 ESS 등 용도가 다양하다. 각 용도마다 요구 사항이 다르고, 시장도 다르다. 한국 배터리 3사는 이 모든 시장을 공략할 수 있다.

전 세계 ESS 연간 및 누적 설치량 전망(2023~2030년)

구분	연간 설치량(GW)	연간 설치량(GWh)	누적 설치량(GW)
2023년(확정)	45GW	97GWh	약 80GW
2024년(확정)	63GW	약 160GWh	124GW
2025년(잠정)	92GW	247GWh	약 216GW
2026년(전망)	123GW	360GWh	약 339GW
2030년(전망)	137~170GW	442~750GWh	1,200~1,500GW

2차 전지 밸류 체인

2차 전지 산업은 전기차와 ESS, 그리고 미래 모빌리티 산업의 핵심 인프라다. 완성차 기업이 전기차를 만들 수 있는 것은 결국 배터리가 있기 때문이고, 배터리의 성능과 가격 경쟁력은 다시 수많은 소재·부품·장비·원재료 기업들에 의해 결정된다. 그래서 2차 전지 산업은 단순히 배터리 셀 제조사 몇 곳만의 이야기가 아니다. 셀을 만드는 기업, 양극재·음극재·전해액·분리막을 공급하는 소재 기업, 동박과 제조 장비를 만드는 부품·장비 기업, 그리고 리튬·니켈 같은 핵심 광물을 확보하거나 재활용하는 기업들까지 모두가 하나의 거대한 밸류 체인을 이룬다. 전기차 시장이 성장할수록 이 밸류 체인 전체가 함께 움직인다.

배터리 셀: 최종 승부는 결국 셀 메이커가 한다

배터리 셀 기업은 2차 전지 밸류 체인의 정점에 있다. 이들은 완성차 업체와 직접 협력하며, 실제 차량에 들어가는 배터리를 최종적으로 생산한다. 기술력, 생산 능력, 품질 안정성, 고객사 다변화가 모두 중요한 영역이다. 셀 기업의 경쟁력은 곧 국가 배터리 산업의 경쟁력으로 이어진다.

가장 대표적인 기업은 LG에너지솔루션이다. LG에너지솔루션은 글로벌 배터리 시장에서 가장 넓은 고객군을 가진 기업으로 평가받는다. 테슬라, GM, 현대차 등 글로벌 완성차 업체들과 협력 관계를 맺고 있으며, 중국을 제외한 글로벌 시장 기준으로 최상위

권 점유율을 확보하고 있다. 고객사가 넓다는 것은 특정 업체 의존도가 낮고, 글로벌 전기차 수요 확대의 수혜를 고르게 받을 수 있다는 뜻이기도 하다.

삼성SDI는 프리미엄 전략이 강점이다. 고성능 배터리 플랫폼인 P5, P6 계열과 차세대 전고체 배터리 개발에서 선도 주자로 평가받는다. 단순히 물량 경쟁만 하는 기업이 아니라, 고부가 가치 배터리 시장에서 기술 우위를 확보하려는 전략이 뚜렷하다. 전기차 시장이 양적 성장만이 아니라 질적 경쟁으로 넘어갈수록 삼성SDI의 강점은 더 부각될 가능성이 크다.

SK온('SK이노베이션'으로 상장)은 하이니켈 파우치형 배터리에 특화된 기업이다. 포드, 현대차 등과의 합작법인(JV)을 통해 생산 능력을 빠르게 확대하고 있다는 점이 특징이다. 배터리 산업은 단순히 기술만으로 되는 것이 아니라, 얼마나 빨리 대규모 생산 능력을 확보하느냐가 중요하다. 그런 점에서 SK온은 공격적인 증설과 글로벌 파트너십을 무기로 존재감을 키워 가고 있다.

정리하면 셀 메이커는 2차 전지 산업의 '완성품 기업'이다. 자동차 제조사와 직접 연결되어 있고, 수주와 증설, 기술 로드맵이 주가와 실적에 가장 직접적으로 반영되는 영역이다. 그래서 배터리 산업을 볼 때 가장 먼저 확인해야 하는 축이 바로 셀 기업들이다.

4대 핵심 소재: 배터리 성능과 원가를 결정하는 중심축

2차 전지 산업에서 가장 중요한 중간 단계는 4대 핵심 소재다. 양극재, 음극재, 전해액, 분리막은 배터리의 성능과 수명, 안정성, 충전 속도를 결정짓는 핵심 요소다. 셀 메이커가 최종 제품을 만든다면, 소재 기업은 그 제품의 본질을 만드는 셈이다. 특히 배터리 원가에서 소재가 차지하는 비중이 매우 크기 때문에, 소재 경쟁력은 곧 가격 경쟁력으로 이어진다.

가장 비중이 큰 것은 양극재다. 양극재는 배터리 원가의 약 40%를 차지하며, 용량과 전압을 결정하는 핵심 소재다. 2차 전지 산업에서 가장 많은 관심을 받는 소재가 양극재인 이유도 여기에 있다. 대표 기업으로는 에코프로비엠, 엘앤에프, 포스코퓨처엠, LG화학이 꼽힌다. 이들 기업은 하이니켈 양극재를 중심으로 글로벌 전기차 시장 확대의 직접적인 수혜를 받는 구조다. 전기차 주행 거리가 길어지고 고성능 배터리에 대한 수요가 늘어날수록 양극재의 중요성은 더 커진다.

음극재는 충전 속도와 배터리 수명에 영향을 미친다. 양극재가 에너지 밀도를 좌우한다면, 음극재는 충전 효율과 안정성을 뒷받침하는 역할을 한다. 포스코퓨처엠은 천연 흑연과 인조 흑연 음극재를 모두 아우르는 대표 기업으로 꼽히고, 대주전자재료는 실리콘 음극재 분야의 대표적인 차세대 주자로 평가된다. 특히 실리콘 음극재는 기존 흑연계 음극재보다 에너지 저장 능력이 뛰어나 차세대 배터리 핵심 기술로 주목받는다.

전해액은 리튬 이온이 양극과 음극 사이를 오갈 수 있도록 돕는 매개체다. 겉으로는 덜 눈에 띄지만, 실제로는 배터리 성능과 안전성에 큰 영향을 미친다. 대표 기업으로는 엔켐, 솔브레인홀딩스, 동화기업이 거론된다. 특히 엔켐은 글로벌 고객사 확대와 함께 점유율이 빠르게 상승하는 기업으로 주목받고 있다. 배터리 생산이 늘어날수록 전해액 수요도 함께 증가하기 때문에, 전해액 기업은 산업 성장의 수혜를 꾸준히 받을 가능성이 높다.

분리막은 양극과 음극이 직접 접촉하지 않도록 막아 주는 안전장치다. 배터리 화재와 직결되는 영역이기 때문에, 분리막은 단순한 소모재가 아니라 안전성을 좌우하는 핵심 소재다. 대표 기업은 SK아이이테크놀로지(SKIET)다. 분리막은 품질 차이가 곧 제품 신뢰성 차이로 이어지기 때문에, 기술력과 고객사 인증이 매우 중요하다.

결국 4대 소재는 2차 전지 산업의 진짜 심장부다. 셀 기업이 외형 성장을 보여 준다면, 소재 기업은 배터리의 성능과 원가 구조를 결정한다. 그래서 시장이 배터리 업종을 다시 보기 시작할 때 가장 먼저 강하게 반응하는 영역도 대개 소재주다.

부품 및 장비: 배터리를 만드는 공장을 떠받치는 산업

배터리 산업은 완제품과 소재만으로 돌아가지 않는다. 그 사이에는 반드시 부품과 장비가 필요하다. 셀을 구성하는 핵심 부품이 있어야 하고, 대규모 공장을 지어 실제로 배터리를 생산하려면 정밀한 제조 장비가 필수적이다. 이 영역은 겉으로는 덜 화려하지만, 산업의 확장 국면에서 실적 레버리지가 크게 나타난다.

대표적인 부품이 동박이다. 동박은 음극 집전체로 사용되는 매우 얇은 구리 박으로, 전류를 안정적으로 전달하는 역할을 한다. 얇고 균일하면서도 강도가 높아야 하기 때문에 제조 난이도가 높다. 핵심 기업으로는 SK넥실리스(SKC), 롯데에너지머티리얼즈, 솔루스첨단소재가 꼽힌다. 배터리 생산량이 늘어날수록 동박 수요도 비례해서 증가하기 때문에, 동박 업체는 배터리 업황 회복의 직접적인 수혜주로 거론된다.

제조 장비 기업도 중요하다. 배터리 공장은 증설될 때마다 막대한 장비 투자가 필요하고, 이때 장비 기업들이 가장 먼저 수혜를 받는다. 대표 기업으로는 피엔티, 씨아이에스, 원익피앤이가 있다. 피엔티는 코터 장비, 씨아이에스는 롤프레스 장비, 원익피앤이는 충방전 장비 분야에서 각각 강점을 갖고 있다. 장비 기업은 공장 신·증설이 시작될 때 실적이 가장 탄력적으로 반응하는 특징이 있다. 다시 말해, 장비는 배터리 산업에서 '공장을 지을 때 수혜'를 가장 잘 보여 주는 영역이다.

정리하면 부품과 장비는 2차 전지 산업의 생산 인프라다. 셀이 많이 팔리는 것도 중요하지만, 그 전에 공장이 지어지고 라인이 돌아가야 한다. 그래서 산업이 확장 국면에 들어설 때는 부품·장비 기업들이 예상보다 더 큰 주가 탄력을 보이는 경우가 많다.

광물 및 리사이클링: 원재료 확보가 곧 경쟁력이다

2차 전지 산업의 가장 상류에는 광물 확보 문제가 있다. 배터리는 결국 리튬, 니켈, 코발트, 흑연 같은 자원이 있어야 만들 수 있다. 기술이 아무리 좋아도 원재료를 안정적으로 확보하지 못하면 생산은 불가능하다. 그래서 배터리 산업은 제조업이면서 동시에 자원 산업의 성격도 강하다.

대표적으로 포스코홀딩스는 아르헨티나 염호와 광산 개발 등을 통해 리튬과 니켈 확보에 적극적으로 나서고 있다. 이는 단순한 원료 매입이 아니라, 공급망 자체를 장기적으로 내재화하려는 전략으로 볼 수 있다. 원자재 가격이 급등하거나 공급망이 흔들릴 때 이런 기업의 전략적 가치는 더 커진다.

에코프로 계열 역시 원재료 정제와 소재 연결 측면에서 주목받는다. 배터리 산업에서는 광물을 단순히 확보하는 것만이 아니라, 이를 얼마나 효율적으로 가공하고 다시 소재로 연결하느냐가 중요하다. 원재료 확보, 정제, 소재 생산이 하나로 이어질 때 밸류 체인의 경쟁력이 강화된다.

리사이클링과 ESS도 함께 봐야 한다. 전기차 배터리 시장이 커질수록 사용 후 배터리 재활용 시장도 성장할 수밖에 없다. 폐배터리에서 니켈, 코발트, 리튬 등을 회수해 다시 원료로 사용하는 구조는 앞으로 더 중요해질 가능성이 높다. 또한 ESS는 전기차 외 배터리 수요를 확장시키는 중요한 시장이다. 이런 측면에서 서진시스템 같은 기업도 2차 전지 응용 시장과 연결되는 종목으로 함께 볼 수 있다.

2차 전지 산업은 셀 메이커만 보면 절반만 보는 것이다. 최종 제품을 만드는 LG에너지솔루션, 삼성SDI, SK온이 있고, 그 밑에서 양극재·음극재·전해액·분리막을 공급하는 소재 기업들이 있다. 또 동박과 장비를 만드는 부품·장비 기업들이 산업의 생산 기반을 떠받치고, 가장 상류에서는 포스코홀딩스 같은 기업이 리튬과 니켈을 확보하머 공급망을 지배하려 한다. 여기에 리사이클링과 ESS까지 더해지면 2차 전지는 단순한 배터리 산업이 아니라 하나의 완결된 생태계가 된다.

2026년부터 도약이 기대되는 배터리 산업

2026년 현재, 배터리 산업은 전환점의 기로에 서 있다. 전기차 시장은 여전히 어렵다. 성장률이 둔화됐고, 중국산 LFP 배터리의 도전도 거세다. 그러나 한편에서 ESS 시장의 성장세가 폭발하고 있다. 여기에 더해 미국의 중국산 ESS 수입 금지 법안은 한국에 구조적 기회를 선사한다.

2023년 상반기, 한국 배터리 산업은 전기차의 황금기를 꿈꿨다. 하지만 꿈같던 시절도 잠시였을 뿐 2025년, 현실은 냉혹했다. 그러나 2026년, 새로운 이야기가 시작된다. 그 주인공은 ESS다. 전기차가 주춤한 사이, ESS가 한국 배터리의 새로운 성장 동력으로 주목받고 있다.

한국 배터리 3사는 ESS 사업을 적극 확대 중이다. 미국에 공장을 증설하고, 유럽과 아시아 시장도 공략하고 있다. 2025년 한국 배터리 3사의 ESS 출하량은 합계 약 50GWh였고, 2030년까지 300GWh로 6배 늘릴 계획이다. ESS 매출 비중도 2025년 20%에서 2030년 40%로 높이고자 한다.

전기차 수요 급락으로 등을 돌렸던 투자자들도 이들 기업에 다시 주목하고 있다. 2025년 말 바닥을 찍은 배터리주는 2026년 초부터 반등하고 있다. ESS 모멘텀 덕분이다. 미국 의회에서 중국산 ESS 수입 금지 법안이 최종적으로 통과되어 대통령 서명까지 끝나면, 배터리주는 재평가될 것이다. 전기차의 암흑기를 지나, ESS의 도약기가 이제 막 시작됐다.

왕국은 고난을 겪었다. 그러나 왕국은 다시 일어서고 있다. ESS 라는 새로운 동력과 함께.

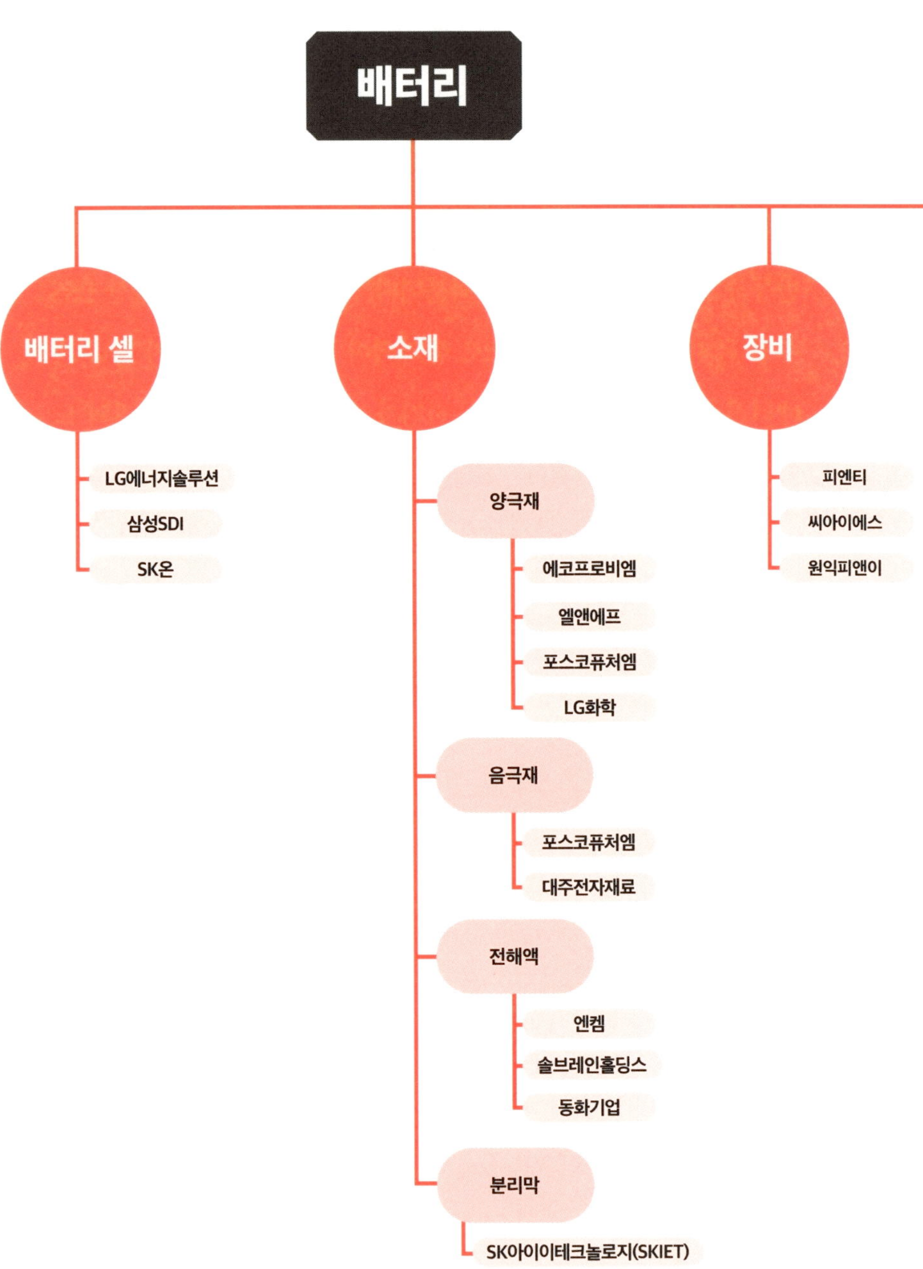
배터리
배터리 셀
LG에너지솔루션
삼성SDI
SK온
소재
양극재
에코프로비엠
엘앤에프
포스코퓨처엠
LG화학
음극재
포스코퓨처엠
대주전자재료
전해액
엔켐
솔브레인홀딩스
동화기업
분리막
SK아이이테크놀로지(SKIET)
장비
피엔티
씨아이에스
원익피앤이

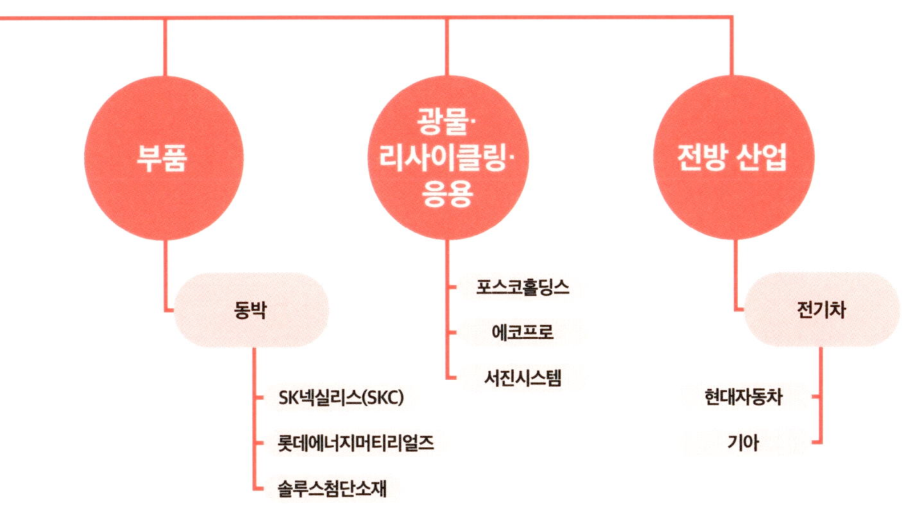

부품
동박
SK넥실리스(SKC)
롯데에너지머티리얼즈
솔루스첨단소재
광물·
리사이클링·
응용
포스코홀딩스
에코프로
서진시스템
전방 산업
전기차
현대자동차
기아

배터리 코스피·코스닥 투자 판단표

시장	기업	종목 코드	투자 포인트	ACTION
코스피	LG에너지솔루션	373220	글로벌 고객사 확보, 미국 생산 기반	●
코스피	삼성SDI	006400	전고체 배터리 개발, 고부가 전략	●
코스피	SK이노베이션	096770	하이니켈 배터리, JV 생산 확대	●
코스피	포스코퓨처엠	003670	하이니켈 양극재, 흑연 음극재	●
코스닥	에코프로비엠	247540	하이니켈 양극재	●
코스피	엘앤에프	066970	고성능 양극재 공급	●
코스피	LG화학	051910	배터리 소재 공급	●
코스닥	대주전자재료	078600	실리콘 음극재 공급	○
코스닥	엔켐	348370	글로벌 고객사 확대	●
코스닥	솔브레인홀딩스	036830	전해액 공급	○
코스닥	동화기업	025900	전해액 공급	○
코스피	SK아이이테크놀로지	361610	배터리 분리막 공급	●
코스피	SKC	011790	배터리 동박 생산	●
코스피	롯데에너지머티리얼즈	020150	동박 공급	●
코스피	솔루스첨단소재	336370	동박 생산	○
코스닥	피엔티	137400	코터 장비	●
코스닥	씨아이에스	222080	롤프레스 장비	●
코스닥	원익피앤이	217820	충방전 장비	●
코스피	포스코홀딩스	005490	광물 공급망 확보	●
코스닥	서진시스템	178320	ESS 관련 수요 확대	○

금융
코스피의 숨은 캐스팅 보트

도시 국가

2026년 현재, 한국 증시는 역사적인 전환점에 서 있다. 2022년부터 2024년까지 약 3년간 코스피는 2,200~2,600 사이를 오가며 박스권에 갇혀 있었다. 글로벌 증시가 사상 최고치를 경신할 때, 한국 증시만 홀로 정체 상태였다. 미국 S&P 500은 2022년 3,800에서 2025년 5,800으로 50% 이상 상승했다. 일본 닛케이 지수는 2만 6,000에서 4만으로 급등했다. 하지만 코스피는 제자리걸음이었다.

한국 증시 현황에 뚜렷한 상승세가 보이지 않자 투자자들은 "국장 탈출은 지능순"이라고 외쳤다. 한국 기업들의 PER(주가수익비율)은 글로벌 평균의 60% 수준에 불과했다. 삼성전자는 미국 엔비디아, 대만 TSMC에 비해 턱없이 낮은 밸류에이션을 받았다. 이유는 명확했다. 낮은 배당, 복잡한 지배 구조, 주주 환원에 소극적인 경영진, 그리고 정치적 불확실성 때문이었다.

하지만 2025년, 상황이 바뀌기 시작했다. 세 가지 구조적 변화가 일어났다. 첫째, 상법 개정으로 금융지주의 배당이 증가했다. 둘째, 증시 호황으로 증권사의 수익이 폭발했다. 셋째, 보험사들의 자사주 소각이 본격화됐다. 금융주가 움직이기 시작했고, 코스피 시가 총액의 약 15%를 차지하는 금융주의 상승은 증시 전체를 끌어올리는 데 일조했다.

금융은 글로벌 경쟁력을 가진 왕국은 아니다. 한국 금융사들이 미국 JP모건, 골드만삭스, 중국 공상은행(ICBC) 같은 글로벌 금융 기관과 경쟁하는 것은 불가능하다. 하지만 금융주는 국내 정책 변화와 증시 호황이라는 명확한 수혜를 받는 섹터다. 도시 국가 정도의 위상이지만, 2026~2028년 투자자들에게는 안정적인 수익을 가져다줄 매력적인 투자처다.

상법 개정이 바꾼 게임의 규칙

2025년 12월과 2026년 2월, 한국 국회는 상법 개정안을 통과시켰다. 이 개정안은 한국 금융주, 특히 금융지주의 판도를 완전히 바꿔놓았다.

상법 개정의 핵심은 이사의 충실 의무 대상을 '회사'에서 '주주'로 확대한 것이다. 기존 상법에서는 이사가 '회사'에 대해 충실할 의무만 있었다. 회사가 이익을 내면 그것으로 충분했다. 주주에게 얼마나 배당하는지, 자사주를 소각하는지는 이사의 재량이었다. 하지만 개정 상법은 이사가 '주주'에게 충실할 의무를 명시했다. 이사회가 소액 주주의 이익을 외면하기 어렵게 만든 것이다.

이 변화는 금융지주에게 특히 치명적이었다. 과거 금융지주들은 막대한 이익을 내고도 정부의 규제나 내부 유보를 이유로 배당에 소극적이었다. KB금융지주, 신한금융지주, 하나금융지주는 2020년부터 2024년까지 매년 수조 원의 순이익을 냈지만, 배당 성향은 25~30%에 불과했다. 나머지 70~75%는 유보금으로 쌓였다. 주주들은 "왜 이렇게 많은 이익을 내면서 배당은 적게 하느냐"라고 항의했지만, 금융지주들은 "규제 자본 확충이 필요하다", "미래 투자를 위한 자금이 필요하다"라며 배당 증가를 거부했다.

하지만 2025년 상법 개정 이후, 낮은 주주 환원율을 유지하는 것이 '이사의 배당 가능 이익에 대한 충실 의무 위반'으로 해석될 여지가 생겼다. 금융지주 이사회는 더 이상 소액 주주를 무시할 수 없게 됐다. 주주 총회에서 배당 증가를 요구하는 주주 제안이 통과될 가능성이 높아졌고, 기관 투자자들도 배당 증가를 압박하기 시작했다. 금융지주들은 전향적인 주주 환원 정책을 내놓을 수밖에 없었다.

2026년 1월, KB금융지주는 2026년 배당 성향을 40%로 높이겠다고 발표했다. 2025년 대비 50% 증가한 수치다. 주당 배당금은 약 2,000원에서 3,000원으로 올랐다. 신한금융지주도 배당 성향을 45%, 하나금융지주도 42%로 상향했다. 우리금융지주는 50%까지 올렸다. 이는 미국 금융주(평균 배당 성향 40~50%)나 유럽 금융주(50~60%)와 비슷한 수준이다.

배당 수익률도 급등했다. KB금융지주의 배당 수익률은 2025년 약 3%에서 2026년 5%로 올랐다. 신한금융지주는 3.5%에서 6%로, 하나금융지주는 4%에서 6.5%로 상승했다. 이는 은행 정기 예금 금리(약 3%)의 2배 수준이다. 배당 투자자들이 금융지주로 몰려들기 시작했다.

국내 4대 금융지주 배당 성향 및 주주 환원 추이(2023~2026년 전망)

금융지주	2023년 (확정)	2024년 (확정)	2025년 (잠정/확정)	2026년 (전망)	비고
KB금융	25.3%	약 28%	30.0%	30~35%	주주 환원 2조 8,200억 원 확정
신한지주	24.9%	약 27%	30.1%	31% 이상	26년 주주 환원율 50% 목표
하나금융	25.5%	약 26.4%	28.0%	30% 내외	25년 배당 성향 25% 초과 달성
우리금융	29.7%	약 30.0%	31.8%	33~35%	비과세 배당 실시(실질 35%)
4대 평균	약 26%	약 28%	약 30.0%	약 32%	사상 첫 평균 30%대 진입

자본 효율성 제고와 저PBR 탈출

금융지주는 대표적인 저PBR(주가순자산비율) 종목이었다. PBR은 주가를 주당 순자산으로 나눈 값인데, 금융지주의 PBR은 2025년까지 0.3~0.4배에 불과했다. 이는 장부상 순자산이 100억 원인 회사의 시가 총액이 30~40억 원에 불과하다는 뜻이다. 시장은 금융지주를 심각하게 저평가하고 있었다.

왜 이렇게 금융지주사들의 PBR이 낮았을까? 첫째, 낮은 배당 때문이다. 투자자들은 "이익을 많이 내도 주주에게 돌아오는 게 없다"라고 판단했다. 둘째, 복잡한 지배 구조 때문이다. 금융지주는 지주 회사 구조라서 자회사 배당금이 지주 회사로 올라오고, 다시 주주에게 배당되는 복잡한 구조였다. 투자자들은 이 구조를 이해하기 어려웠다. 셋째, 정부 규제의 불확실성 때문이다. 금융 당국이 언제든 금융지주사들에 자본 확충을 요구할 수 있었고, 배당 증가를 제한할 수 있었다.

하지만 상법 개정은 이 모든 것을 바꿨다. 금융지주들은 배당을 대폭 늘렸고, 자사주 소각도 본격화했다. KB금융지주는 2026년 1월 약 5,000억 원 규모의 자사주를 소각한다고 발표했다. 신한금융지주는 3,000억 원, 하나금융지주는 4,000억 원 규모의 자사주를 소각했다. 자사주 소각 규모는 시가 총액의 약 5~8%에 달했다.

자사주 소각은 발행 주식 수를 줄여 주당 순이익(EPS)을 증가시킨다. 예를 들어 순이익이 1조 원이고 발행 주식 수가 10억 주라면 주당 순이익은 1,000원이다. 하지만 자사주 소각으로 발행 주식 수가 9억 주로 줄어들면 주당 순이익은 1,111원으로 증가한다. 주가가 그대로라면 PER(주가수익비율)이 낮아지고, 투자자들은 저평가됐다고 판단해 매수에 나선다.

또한 금융지주들은 분기 배당을 정착시켰다. 기존에는 연 1회(연말)만 배당했지만, 2026년부터는 분기마다 배당하기 시작했다. 분기 배당은 주주에게 안정적인 현금 흐름을 제공하고, 주가 변동성을 낮춘다. 미국 금융주들은 이미 오래전부터 분기 배당을 실시하고 있었는데, 한국도 이러한 흐름을 따라가기 시작한 것이다.

그 결과, 금융지주의 PBR은 0.3~0.4배에서 0.8~1.0배로 급등했다. KB금융지주는 2025년 말 약 6만 원에서 2026년 3월 8만 원으로 30% 이상 올랐다. 신한금융지주는 3만 5,000원에서 4만 8,000원으로, 하나금융지주는 4만 5,000원에서 6만 2,000원으로 상승했다. 코스피 시가 총액의 약 15%를 차지하는 금융지주의 주가 상승은 코스피 지수를 실질적으로 끌어올렸다.

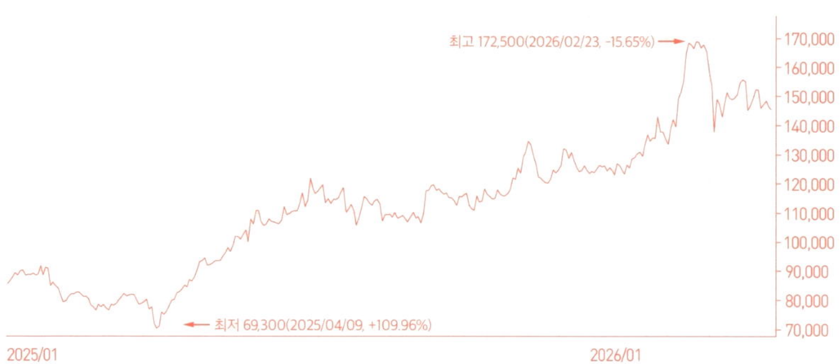

지배 구조 투명성 및 책임 경영의 강화

상법 개정은 거버넌스(Governance)의 투명성을 요구한다. 그에 따라 금융지주 이사회가 대주주나 정권의 눈치를 보기보다 시장과 주주의 목소리에 귀를 기울이게 강제하는 효과가 있었다.

과거 금융지주 이사회는 정부의 영향력 아래에 놓여 있었다. 금융위원회가 금융지주 CEO를 사실상 임명했고, CEO는 정부 정책에 순응할 수밖에 없었다. 정부가 "배당보다 자본 확충이 우선"이라고 하면 배당을 줄였고, "대출 확대로 경기 부양"을 지시하면 무리하게 대출을 늘렸다. 주주들은 "금융지주가 주주보다 정부 눈치를 본다"라며 비판했다.

하지만 상법 개정으로 이사회는 주주에게 충실할 법적 의무를 갖게 됐다. 이제 이사들은 배당 결정, 자본 배분, 투자 전략에서 주주 이익을 최우선으로 고려해야 한다. 만약 정부 압박으로 배당을 줄이거나 주주 가치를 훼손하는 결정을 내리면, 주주들이 이사에게 책임을 묻고 소송을 제기할 수 있는 법적 근거가 생겼다. 이사들은 더 이상 정부만 바라볼 수 없게 됐다.

또한 금융지주들은 IR(Investor Relations, 투자자 관계)을 강화했다. 분기마다 실적 발표회를 열고, 외국인 투자자들과 일대일 미팅을 진행하며, 배당 정책과 자본 배분 계획을 투명하게 공개했다. 이사회 구성도 바뀌었다. 사외 이사 비중을 늘리고, 주주 환원 위원회를 신설해 배당 정책을 독립적으로 검토하도록 했다.

이는 외국인 투자자들이 한국 금융주를 '단순 배당주'가 아닌 '성장하는 가치주'로 재평가(Re-rating)하게 만든 결정적 계기로 작용했다. 2025년까지 외국인 투자자들은 한국 금융주 보유 비중을 계속 줄였다. "한국 금융주는 저평가됐지만 개선될 기미가 없다"라는 판단 때문이었다. 하지만 2026년 1월부터 외국인 매수가 급증했다. 2026년 1분기에만 약 5조 원의 외국인 순매수가 금융지주로 유입됐다. 외국인 투자자들은 "한국 금융주가 드디어 글로벌 스탠더드에 맞춰지고 있다"라고 평가했다.

금융지주의 리스크 요인

첫째, 경기 민감주다.

경기가 좋으면 대출이 늘고 이자 수익이 증가하지만, 경기가 나쁘면 대출 부실이 증가하고 이익이 감소한다. 2026년 현재 한국 경기는 완만한 회복세를 보이고 있지만, 2027~2028년 글로벌 경기 침체가 오면 금융지주 실적도 악화될 수 있다.

둘째, 금리 인하다.

2025년까지 고금리 환경에서 금융사들은 높은 이자 마진을 누렸지만, 2026년부터 미국 연방준비제도와 한국은행이 금리 인하에 나서면서 이자 마진이 축소될 가능성이 있다.

셋째, 부동산 경기다.

부동산 가격이 하락하면 부동산 대출 부실이 증가하고 금융사의 건전성이 악화된다.

하지만 이런 리스크를 감안해도, 2026~2028년 금융지주는 매력적인 투자처다. 배당 수익률 5~6%는 어떠한 시장 환경에서도 안정적인 수익을 보장한다. 그리고 상법 개정으로 주주 환원 문화가 정착되면서, 금융지주는 더 이상 '정부 눈치를 보는 주식'이 아니라 '주주를 위한 주식'으로 변모하고 있다.

증권사, 증시 호황의 최대 수혜주

2025~2026년, 한국 증시는 호황을 맞았다. 코스피가 급등하며 6,000을 돌파하자, 거래 대금도 폭증했다. 2025년 코스피 일평균 거래 대금은 약 17조 원이었는데, 이는 전년 대비 50% 이상 급증한 액수다. 2026년 2월에는 30조 원을 넘어서며 역대 최고치를 기록했다. 개인 투자자들이 돌아왔고, 기관 투자자들도 한국 증시에 다시 관심을 보이기 시작했다.

증시 호황의 최대 수혜주는 증권사다. 증권사의 주요 수익원은 세 가지다. 첫째, 위탁 매매 수수료다. 거래 대금이 늘면 수수료 수익이 증가한다. 2026년 3월 거래 대금이 2025년 대비 2배로 증가하면서 증권사들의 위탁 매매 수익도 2배로 늘었다. 둘째, 자기 매매 수익이다. 증권사들은 자기 자본으로 주식에 투자한다. 주가가 오르면 자기 매매 수익이 증가한다. 2026년 코스피가 상승하면서 증권사들의 자기 매매 수익도 크게 늘었다. 셋째, IB(투자 은행) 수익이다. 증권사들은 IPO(기업 공개), M&A(인수 합병), 회사채 발행 등에서 수수료를 받는다. 2026년 증시 호황으로 IPO가 급증하면서 IB 수익도 증가했다.

2025년 증시 호황을 반영하며 증권사들의 실적은 크게 상승했다. 미래에셋증권은 영업이익 1조 9,150억 원을 달성하며 전년 대비 61.2%나 증가한 실적을 기록했다. 키움증권은 영업이익 1조 4,882억 원을 기록하며 전년 대비 35% 증가한 실적을 거뒀다. 이 밖에도 많은 증권사들이 역대급 실적을 달성했다. 주가도 그에 맞춰 상승했음은 물론이다.

증권주의 리스크 요인

증권주는 변동성이 크다. 증시가 호황일 때는 실적이 폭발하지만, 증시가 침체되면 실적이 급감한다. 2023~2024년 증시 침체기에 증권사들의 영업이익은 전년 대비 30~40% 감소했다. 2026년 현재 증시 호황이 지속되고 있지만, 2027~2028년 글로벌 경기 침체가 오면 증시도 다시 침체될 수 있다. 또한 금리 인하가 본격화되면 증권사들의 이자 수익(고객 예탁금 이자)이 줄어든다.

보험사, 자사주 소각과 금리 인상의 수혜주

2025년부터 한국 보험사들이 대규모 자사주 소각에 나섰다. 자사주 소각은 회사가 시장에서 자기 주식을 사들여 소각하는 것이다. 자사주 소각으로 발행 주식 수가 줄어들면 주당 순이익(EPS)이 증가하고, 주가가 오른다.

보험사들은 2020년대 초반 막대한 현금을 보유하고 있었다. 보험료로 받은 돈을 투자해 수익을 냈지만, 주주 환원에는 소극적이었다. 배당 성향은 20~30%에 불과했다. 하지만 2024년 정부가 밸류업 프로그램을 시작하면서 보험사들도 주주 환원을 늘리기 시작했다. 배당 증가와 함께 자사주 소각도 본격화됐다.

DB손해보험은 2026년 2월 약 8,000억 원 규모의 자사주를 소각하기로 결정했다. 이는 2025년 말 141만 주를 소각한 데 이어 2개월 만에 단행된 것으로, 보험업계 주주 환원의 모범 사례로 인정받았다. 삼성생명은 2025년 약 140만 주의 자사주를 소각했다. 2026년에도 추가로 자사주를 소각할 계획이다. 미래에셋생명은 2026년 1월 자사주 1,600만 주를 소각하기로 결정했다.

자사주 소각은 주가에 즉각적인 영향을 준다. 2025년 말 12만 원대이던 DB손해보험의 주가는 2026년 2월 21만 원을 돌파했다. 2025년 4월 7만 원대이던 삼성생명의 주가는 2026년 2월 25만 원을 돌파했다. 재미없게만 여겨졌던 보험주의 주가가 자사주 소각에 힘입어 기술주처럼 상승한 것이다.

여기에 더해 이란 전쟁의 파급 효과가 보험주 주가 상승으로 이어질 가능성도 있다. 이란 전쟁의 여파로 유가가 치솟자 세계 각국은 원자재 가격 상승이 불러올 물가 상승을 우려하기 시작했다. 물가 상승을 억제하기 위해 가장 흔히 내려지는 처방은 금리 인상이다. 보험주는 전통적으로 금리 인상의 대표적인 수혜주로 인식됐다. 만약 각국의 중앙은행이 금리 인상을 단행하게 된다면 보험주가 떠오르게 될 것이다.

하지만 리스크가 없는 것은 아니다. 보험사는 장기 투자 수익에 의존한다. 보험사들은 보험료로 받은 돈을 주식, 채권, 부동산에 투자해 수익을 낸다. 주식 시장이 하락하거나 부동산 가격이 떨어지면 투자 손실이 발생할 수밖에 없다. 2022~2023년 글로벌 주식 시장 하락기에 보험사들의 투자 손실이 컸다. 또한 금리 인하가 본격화되면 채권 투자 수익이 줄어든다.

금융은 화려한 섹터가 아니다. 조선이나 방산처럼 대규모 수주 소식이 터지지도 않고, 배터리나 원전처럼 글로벌 기술 경쟁력을 가진 산업도 아니다. 하지만 금융은 코스피 시가 총액의 15%를 차지하는 핵심 섹터다. 2026~2028년 한국 금융업은 상법 개정, 증시 호황, 자사주 소각이라는 세 가지 호재가 겹쳤다. 그 덕분에 안정적인 배당과 주가 상승을 동시에 기대할 수 있다. 금융주는 도시 국가 정도의 위상이지만, 2026~2028년 투자자들에게는 조용하지만 확실한 수익을 가져다줄 것이다.

<h2 align="center">금융 종목 지도</h2>

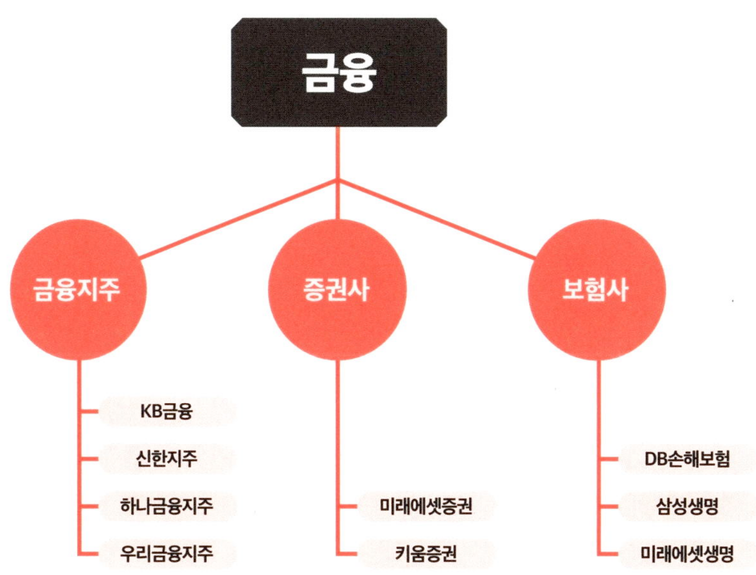

<h2 align="center">금융 코스피·코스닥 투자 판단표</h2>

시장	기업	종목 코드	투자 포인트	ACTION
코스피	KB금융	105560	배당 성향 상향, 자사주 소각, 분기 배당	●
코스피	신한지주	055550	배당 성향 상향, 자사주 소각, 외국인 순매수	●
코스피	하나금융지주	086790	배당 성향 상향, 자사주 소각, 분기 배당	●
코스피	우리금융지주	316140	배당 성향 상향, 주주 환원 확대	●
코스피	미래에셋증권	006800	위탁 매매 수익 증가, 자기 매매 수익 증가, IB 수익 증가	●
코스피	키움증권	039490	위탁 매매 수익 증가, 증시 호황 수혜	●
코스피	DB손해보험	005830	자사주 소각, 금리 인상 수혜	●
코스피	삼성생명	032830	자사주 소각, 금리 인상 수혜	◎
코스피	미래에셋생명	085620	자사주 소각	○

코스피 1만을 여는 6대 혁신 산업

개척자의 폭발적 기회, 신대륙

신대륙을
읽는 법

2026년 3월, 우리는 역사적 전환점에 서 있다. 반도체, 조선, 방산, 원전, 배터리, 금융은 이미 탄탄하게 자리 잡은 국가다. 이들은 검증된 기술과 확보된 시장을 가지고 있다. 투자자들은 이들의 가치를 안다. 하지만 진짜 기회는 아직 발견되지 않은 신대륙에 있다.

신대륙은 더 이상 먼 미래가 아니다. 피지컬 AI·로봇, 자율주행차, 드론, 우주 산업, 차세대 태양광, 전고체 배터리의 6개 섹터는 2026년 현재 개척기에서 탐험기 단계로 넘어갔으며, 건설기로 빠르게 진입하고 있다. 기술은 검증됐고, 상용화가 시작됐으며, 시장은 폭발 직전이다. 작년까지만 해도 SF 영화에나 등장할 것 같은 미래 기술들이 AI의 발전과 함께 바로 우리 눈앞에 성큼 다가와 있다.

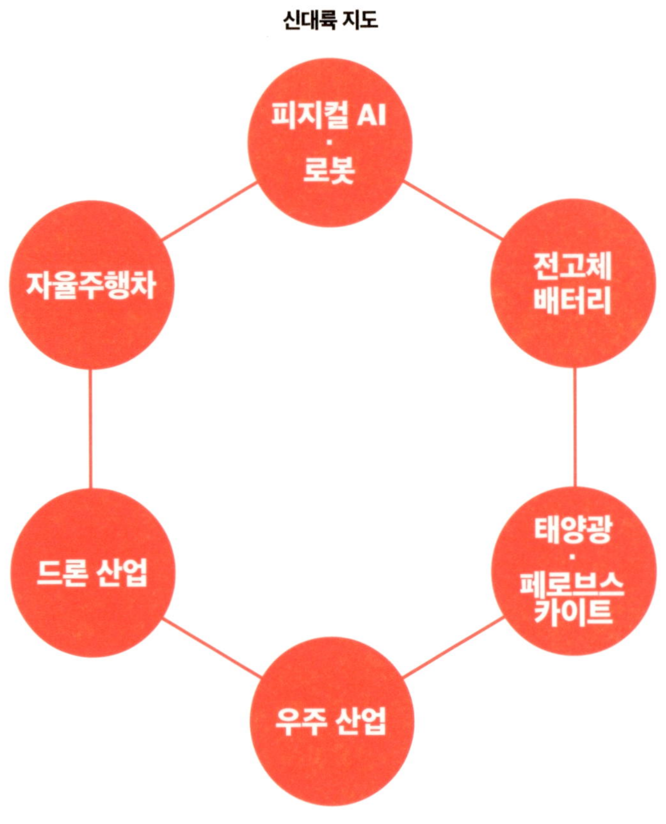

2026년 1월 CES에서 보스턴 다이내믹스는 완전히 전기 구동 방식으로 전환한 아틀라스를 공개했다. 테슬라는 옵티머스 휴머노이드 로봇의 양산을 발표했다. 중국은 이미 휴머노이드 로봇을 양산해 수출하고 있고, 한국 마트에서도 이 제품들을 구매할 수 있다. 엔비디아의 자율주행 플랫폼 알파마요를 탑재한 벤츠 CLA는 2026년에 출시된다. 이는 테슬라와 함께 시장을 양분할 것이다. 현대차는 미국 합작 법인 모셔널의 완전 무인 로보택시 상용 서비스를 2026년 말 라스베이거스에서 시작한다고 발표했다. 드론은 2026년

2월 이란 전쟁에서도 핵심 무기로 활용될 정도로 군사용 장비로 정착했다. 이것들은 더 이상 실험실 안에서만 구현되는 기술이 아니라 우리의 일상을 파고드는 현실이 됐다. 이와 같은 신대륙에 대한 투자는 투자자들에게는 평생 한 번 올까 말까 한 기회다.

이쯤에서 15세기 대항해 시대를 떠올려 보자. 콜럼버스가 아메리카 대륙을 발견했을 때, 유럽인들은 그곳이 얼마나 거대한 대륙인지 몰랐다. 하지만 초기 개척자들은 금, 은, 향신료, 새로운 작물 등 신대륙에서 얻은 것들로 엄청난 부를 축적했다. 이윽고 신대륙은 유럽 경제를 완전히 바꿔 놓았다. 물론 다소 늦게 도착한 사람들도 기회를 잡았지만, 가장 큰 부는 초기 개척자들의 몫이었다.

2026년 현재, 우리는 또 다른 대항해 시대를 맞이하고 있다. 피지컬 AI·로봇, 자율주행차, 드론, 우주 산업, 차세대 태양광, 전고체 배터리의 6개 섹터는 앞으로 5년간 폭발적으로 성장할 분야다. 이들은 모두 AI에서 파생된 분야인데, 역사적으로 이렇게 여러 분야가 한꺼번에 개척기에 들어서는 경우는 흔치 않다. 이는 인터넷의 발명과 보급으로 이커머스, 핀테크, 원격 강의, 온라인 게임, SNS 등 엄청나게 여러 가지 산업이 한꺼번에 발전하기 시작했을 때를 연상하게 한다. 당시 나스닥에서는 닷컴 버블이 일어났고, 초기에 인터넷 산업에 진입한 사람들은 어마어마한 떼돈을 벌었다. 한국에서도 2000년 3월 코스닥이 2,925까지 치솟으며 새롬기술, 다음커뮤니케이션 등 수많은 전설적인 종목을 탄생시켰다. 이때도 큰돈을 번 사람은 모두 초기 개척자였다. 나중에 들어온 사람들은 고점에 물리기 일쑤였다. 그러므로 AI에서 파생된 산업들의 초기 개척자가 되려면 지금 출발해야 한다.

개척기에서 번영기로 가는 여정

신대륙의 6개 섹터는 각자 다른 속도로 진화한다. 하지만 2026년 현재, 대부분의 섹터가 개척기를 벗어나 탐험기로 진입하고 있다. 이것은 매우 중요한 신호다.

탐험기는 기술이 검증되고 초기 상용화가 시작되는 단계다. 리스크는 여전히 있지만, 개척기보다 훨씬 낮다. 그리고 수익 기회는 오히려 더 크다. 다음은 새로운 문명이 진화하는 5단계에 대한 설명이다.

1단계 개척기

첫 발견, 기술 검증 단계. 시장이 형성되기 전이다. 리스크가 매우 높다. 하지만 가장 큰 수익 기회도 이 단계에 있다. 선별적으로 진입해야 한다. 2026년 현재, 우주 산업과 태양광·페로브스카이트가 이 단계에 있다.

2단계 탐험기

자원 확인, 초기 상용화 단계. 시장 형성이 시작된다. 리스크는 여전히 높지만 기회도 크다. 적극적으로 투자해야 하는 시점이다.

기술 검증이 어느 정도 완료됐고, 초기 수주나 매출이 발생하기 시작한다. 2026년 현재, 피지컬 AI·로봇, 자율주행차, 드론, 전고체 배터리가 이 단계에 있다.

3단계 건설기

인프라 구축, 대량 생산 단계. 시장이 급성장한다. 리스크는 중간 수준이다. 본격적으로 투자해야 하는 시점이다. 대량 생산이 시작되고, 가격이 하락하며, 시장이 폭발적으로 성장한다. 실적이 급증하고, 주가도 급등한다.

4단계 발전기

시장 확대, 수익성 개선 단계. 안정적으로 성장한다. 리스크가 낮아진다. 보유를 지속해야 하는 시점이다. 시장이 성숙 단계에 접어들고, 경쟁이 심화되지만, 수익성은 개선된다.

5단계 번영기

성숙 시장, 안정적 수익 단계. 리스크가 매우 낮다. 배당과 현금흐름 중심으로 운용해야 한다. 시장이 완전히 성숙했고, 성장률은 둔화되지만, 안정적인 수익을 낸다.

문명 진화 타임 라인(2026~2030년)

6개 섹터의 진화 속도는 다르지만, 대부분이 탐험기에서 출발한다. 2026년 현재, 각 섹터가 어느 단계에 있는지 정확히 파악해야 한다.

피지컬 AI·로봇 [탐험기]

2026년은 탐험기다. 보스턴 다이내믹스의 아틀라스와 테슬라의 옵티머스의 양산이 예정되어 있기 때문에 빠르게 건설기로 접어들 수 있다. 부품 체인(감속기, 센서, 메모리)은 이미 수익화가 시작됐다. 2027년 건설기, 2028년 발전기, 2029년 번영기, 2030년 제국화 단계로 빠르게 진화한다. 2026년은 적극 투자 시점이다.

자율주행차 [탐험기]

2026년은 탐험기다. 자율주행의 절대 강자 테슬라에 도전장을 내민 엔비디아의 알파마요가 등장하며 경쟁이 치열해지는 해다. 현대차도 독자적인 시스템을 연구 중이다. 2027년 건설기, 2028년 발전기, 2029년 번영기로 진화한다. 2026년은 적극 투자 시점이다.

드론 산업 [탐험기]

2026년은 탐험기다. 산업용 드론과 군용 드론은 이미 깊숙이 상용화됐다. 2026년 2월 이란 전쟁에서도 드론이 핵심 무기로 활용되고 있다. 배송 드론도 일부 지역에서 상용화됐다. 2026년 글로벌 드론 시장 규모는 530억 달러다. 2027년 건설기, 2028년 발전기,

2029년 번영기, 2030년 제국화 단계로 진화한다. 2026년은 즉시 진입 시점이다.

우주 산업 [개척기]

2026년은 개척기다. 하지만 2026년 스페이스X의 상장 이슈가 예정돼 있어, 기술 발전 속도와 무관하게 큰 관심을 받을 것이다. 한국은 2026년 누리호 5차 발사를 앞두고 있다. 위성 통신 시장은 스페이스X의 스타링크가 선도하고 있고, 한국도 이 분야에 진입을 시도하고 있다. 2027년 탐험기, 2028년 건설기, 2029년 발전기, 2030년 번영기로 진화한다. 2026년은 선별 진입 시점이지만, 스페이스X 상장 이슈로 인한 관심 집중이 예상된다.

태양광·페로브스카이트 [개척기]

2026년은 개척기다. 페로브스카이트 태양광은 아직 연구 개발 단계다. 하지만 2026년 2월 발발한 이란 전쟁의 영향으로 유가가 상승하자 태양광 산업 전체에 대한 관심이 높아지고 있다. 페로브스카이트는 효율이 27%까지 올라왔지만, 상용화는 2028년 이후로 예상된다. 2027년에도 개척기가 지속되고, 2028년 탐험기, 2029년 건설기, 2030년 발전기로 진화한다. 2026년은 관망 단계지만, 이란 전쟁이 야기한 유가 상승이 태양광 섹터 전체에 대한 투자 관심을 높일 것이다.

전고체 배터리 [탐험기]

2026년은 탐험기다. 삼성SDI는 2027년 양산을 목표로 하고 있다. LG에너지솔루션은 2028년 대량 생산, SK온은 2029년 대량 생산을 목표로 하고 있다. BMW, 현대차, GM, 혼다 등 OEM 파트너십이 확대되고 있다. 2027년 건설기, 2028년 발전기, 2029년 번영기, 2030년 제국화 단계로 진화한다. 2026년은 즉시 진입 시점이다.

CHAPTER 7

피지컬 AI·로봇
황금 사이클의 시작

탐험기

로봇의 역사는 세 개의 시대로 나뉜다.

첫 번째는 산업용 로봇의 시대다.

1961년, 미국 GM 공장에 유니메이트라는 로봇 팔이 처음 투입됐다. 무게 1.8톤, 움직임은 단순했지만, 사람보다 정확하고 지치지 않았다. 이후 60년간 산업용 로봇은 제조업의 필수품이었다. 자동차 공장, 반도체 공장, 물류 센터 등 어디에나 로봇 팔이 있었다. 2025년 기준 전 세계에 설치된 산업용 로봇은 약 350만 대, 시장 규모는 연간 600억 달러에 달한다.

하지만 산업용 로봇에는 근본적인 한계가 있었다. 그들은 고정된

자리에서만 일했다. 컨베이어 벨트 위의 부품을 집고, 용접하고, 조립하는 일 그 이상은 할 수 없었다. 사람처럼 걷거나, 계단을 오르거나, 복잡한 환경을 인식하는 것은 불가능했다.

두 번째는 협동 로봇의 시대다.

2010년대 들어 덴마크 유니버설 로봇, 일본 파나소닉 등이 사람 옆에서 함께 일할 수 있는 협동 로봇(Cobot)을 내놓았다. 무게는 가볍고, 센서가 달려 있어 사람과 부딪히면 자동으로 멈췄다. 중소기업도 쉽게 도입할 수 있었기에 시장은 빠르게 성장했다. 2025년 기준 협동 로봇 시장은 약 120억 달러 규모다.

하지만 협동 로봇도 궁극적으로는 로봇 팔에 불과했다. 이동할 수 있는 다리가 없었고, 인간처럼 복잡한 작업을 수행할 수 없었다.

그리고 2026년, 세 번째 시대가 열렸다. 휴머노이드 로봇의 시대다.

휴머노이드 로봇, 왜 지금인가?

휴머노이드 로봇(이하 '휴머노이드'로 약칭하거나 혼용), 즉 사람 모양의 로봇은 사실 새로운 개념이 아니다. 2000년대 초반 혼다의 아시모, 소니의 큐리오 등 이미 세상에 등장했다. 하지만 그들은 실험실 밖으로 나오지 못했다. 기술적 한계 때문이었다.

첫째, 배터리 문제였다.

아시모는 1시간 작동하려면 무게 6kg의 배터리를 짊어져야 했다. 사람으로 치면 10kg 배낭을 메고 일하는 셈이었다.

둘째, 센서와 인식 기술이 부족했다.

로봇이 사람처럼 움직이려면 주변 환경을 실시간으로 인식해야 한다. 하지만 2000년대에는 로봇에 달린 카메라와 센서가 느리고 부정확했다.

셋째, AI가 없었다.

로봇이 복잡한 작업을 수행하려면 상황을 판단하고 결정을 내려야 한다. 하지만 2000년대의 AI는 단순한 패턴을 인식하는 수준이었다.

그런데 2020년대 들어 모든 것이 바뀌었다.

배터리는 전기차 혁명 덕분에 에너지 밀도가 2배 이상 증가했다. 2000년대 리튬이온 배터리의 에너지 밀도는 150Wh/kg였지만, 2025년에는 300Wh/kg을 넘어섰다. 같은 무게로 2배 더 오래 작동할 수 있게 된 것이다.

센서는 스마트폰 산업 덕분에 저렴하고 정확해졌다. 2000년대 산업용 카메라는 대당 수백만 원이었지만, 2025년 스마트폰용 카메라는 대당 몇만 원에 불과하다. 로봇의 환경 인식과 동작 제어를 보완하는 장치인 라이다, IMU, 토크 센서도 마찬가지다.

그리고 무엇보다 AI가 혁명을 일으켰다. 2022년말 챗GPT가 등장하면서 세계는 변했다. 대형 언어 모델(LLM)은 인간의 명령을 이해하고, 상황을 판단하며, 복잡한 작업을 수행할 수 있다. 이 기술이 로봇에 탑재되면서, 로봇은 드디어 '생각하는 기계'가 됐다.

2026년, 이 세 가지 기술이 임계점을 넘었다. 그리고 휴머노이드 로봇은 실험실에서 걸어 나와 공장으로, 물류 센터로, 그리고 우리의 일상으로 들어왔다.

산업용 로봇과 휴머노이드의 차이는 단순히 다리가 있느냐 없느냐가 아니다. 이 둘은 시장 잠재력에서 차이가 난다.

산업용 로봇은 공장에서만 쓰인다. 자동차 조립, 반도체 제조, 물류 센터 분류 작업 등 공장에서 이뤄지는 일들은 이미 대부분 자동화됐다. 2025년 기준 선진국 제조업의 로봇 밀도는 근로자 1만 명당 약 150대다. 이 수치에서 더 이상 극적으로 증가하기 어렵다. 산업용 로봇 시장은 성숙 단계에 접어들었고, 연평균 성장률은 7% 수준이다.

하지만 휴머노이드는 다르다. 휴머노이드는 공장뿐 아니라 어디든 갈 수 있다. 병원에서 환자를 돌보고, 식당에서 서빙하고, 건설 현장에서 자재를 나르고, 심지어 가정에서 청소와 요리도 할 수 있다. 시장 잠재력이 산업용 로봇의 10배, 아니 100배다.

골드만삭스는 2030년 휴머노이드 로봇 시장 규모를 약 380억 달러로 전망했다. 하지만 이것은 보수적인 추정치다. 만약 휴머노이드가 인건비를 절반으로 줄일 수 있다면, 시장은 훨씬 더 빠르게 성장할 것이다. 2035년에는 1,000억 달러, 2040년에는 5,000억 달러 규모로 커질 가능성이 있다.

휴머노이드는 단순히 로봇이 아니라, 노동 시장 자체를 재편하기 때문이다. 전 세계 제조업 노동자는 약 5억 명, 물류·서비스업 노동자는 약 10억 명이다. 만약 이 중 10%만 휴머노이드로 대체한다면? 총 1억 5,000만 대의 휴머노이드가 필요하다. 로봇 1대당 가격을 5만 달러로 가정하면, 시장 규모는 7조 5,000억 달러다.

이것이 바로 휴머노이드가 산업용 로봇과 근본적으로 다른 이유다. 산업용 로봇은 '자동화' 기계였지만, 휴머노이드는 '노동력을 대체하는' 기계다.

왜 자동차 회사들이 휴머노이드의 중심이 됐나?

2026년 1월 CES에서 가장 주목받은 기업은 IT 기업도, 전자 제품 전문 기업도 아니었다. 자동차 회사였다. 현대차그룹이 인수한 보스턴 다이내믹스의 아틀라스가 등장하자 모두가 경악했다. 아틀라스의 운동 능력과 완성도를 직접 눈으로 확인한 사람들은 이제 휴머노이드가 더 이상 SF 영화에나 나오는 게 아니라 바로 우리 곁에 현실로 다가왔음을 깨달았다. CES에서는 볼 수 없었지만 테슬라의 옵티머스 역시 많은 사람의 기대를 한 몸에 받고 있는 휴머노이드다.

왜 이렇게 자동차 기업들이 휴머노이드 개발에 진심일까? 답은 간단하다. 자동차 부품과 휴머노이드 부품이 놀랍도록 유사하기 때문이다. 휴머노이드를 만들려면 무엇이 필요한가?

첫째, 감속기와 모터다.

로봇의 관절은 사람의 관절과 비슷하다. 힘을 전달하면서도 정밀하게 움직여야 한다. 이를 위해 필요한 것이 감속기다. 모터의 빠른 회전을 느리고 강한 힘으로 변환하는 부품이다. 그런데 이것은 자동차의 변속기와 같은 원리로 움직인다. 전기차 구동 모터도 마찬가지다. 전기차를 만들 수 있는 회사는 로봇 관절도 만들 수 있다는 뜻이다.

둘째, 배터리다.

휴머노이드는 최소 8시간 이상 작동해야 실용적이다. 이를 위해서는 고밀도 배터리가 필요하다. 그런데 이것은 전기차 배터리를 소형화한 것이다. 테슬라는 이미 세계 최고 수준의 배터리 기술을 보유하고 있다. 현대차그룹도 LG에너지솔루션, SK온과 긴밀히 협력하고 있다.

셋째, 센서다.

휴머노이드가 사람처럼 움직이려면 주변 환경을 실시간으로 인식해야 한다. 카메라, 라이다, IMU, 토크 센서 등과 같은 모든 센서는 자율주행차에 이미 탑재되어 있다. 자율주행차는 시속 100km로 달리면서도 주변을 정확히 인식해야 한다. 이 기술을 로봇에 적용하면, 로봇도 복잡한 환경을 인식할 수 있다.

넷째, 제어 시스템이다.

휴머노이드는 수십 개의 관절을 동시에 제어해야 한다. 이것은 자동차 ECU(전자 제어 장치)와 같은 원리로 작동한다. 자동차는 엔진, 변속기, 브레이크, 조향 등 수십 개의 부품을 실시간으로 제어한다. 이 기술이 로봇에도 그대로 적용된다.

다섯째, 섀시와 프레임이다.

휴머노이드의 뼈대는 가벼우면서도 튼튼해야 한다. 이것은 자동차 차체 기술이 추구하는 특성과 정확히 일치한다. 자동차는 충돌 안전성을 확보하면서도 무게를 줄여야 한다. 이 기술이 로봇에도 필요하다.

즉, 전기차를 만들 수 있는 회사는 휴머노이드 로봇도 만들 수 있다. 그래서 테슬라가 옵티머스를 만들고, 현대차그룹이 보스턴 다이내믹스를 인수한 것이다.

반대로 기존의 로봇 전문 기업들은 자동차 회사가 보유한 대량 생산 경험이 없다. 보스턴 다이내믹스의 기술력은 세계 최고였지만, 연간 수백 대 수준만 생산했다. 일본 소프트뱅크가 인수했을 때도 사업화에 실패했다. 그런데 현대차그룹이 인수하면서 상황이 바뀌었다. 현대차그룹은 연간 700만 대 이상의 자동차를 생산하는 글로벌 3위 자동차 제조사다. 대량 생산 능력, 공급망 관리, 품질 관리 시스템이 모두 갖춰져 있다. 이것이 바로 자동차 회사들이 휴머노이드 산업의 중심이 된 이유다.

코스피 시가 총액 상위 그룹 중 유일한 신대륙 기업, 현대차

이 책에서 지금까지 다룬 구대륙, 즉 반도체, 조선, 방산, 원전, 배터리, 금융을 떠올려 보자. 이들은 모두 이미 성숙한 산업이다. 한국이 세계적 경쟁력을 갖추고 있지만, 시장 자체는 이미 형성되어 있고, 성장률은 한 자릿수 수준이다. 물론 현대차그룹도 세계 3위의 자동차 기업인만큼 당연히 구대륙에 왕국을 가지고 있다. 하지만 현대차그룹을 구대륙에서 소개하지 않은 이유는 코스피 시가 총액 상위 그룹 중 유일하게 구대륙에 왕국을 갖고 있으면서 동시에 신대륙에 속하기 때문이다.

현대차, 기아, 현대모비스의 합산 시가 총액은 200조 원대로 코스피에서 삼성전자, SK하이닉스 다음가는 규모다. 만약 현대차그룹이 로봇 산업에 진출하지 않고 자동차만 만들고 있었다면 구대륙에서 왕국을 건설하는 데 그쳤을 것이다. 그런데 이들은 2021년 보스턴 다이내믹스를 인수하면서 세계 휴머노이드 로봇 산업의 중심에 섰다.

보스턴 다이내믹스는 휴머노이드 기술에서 단연 세계 최고다. 2013년 DARPA 로봇 챌린지에서 우승했고, 2016년부터 상업용 로봇 스팟을 판매하고 있다. 유튜브에 올라온 아틀라스 영상을 본 사람이라면 알 텐데, 아틀라스는 마치 사람처럼 걷고, 뛰고, 백플립까지 한다. 테슬라 옵티머스보다 앞선 기술력이다. 현대차그룹은 이 보스턴 다이내믹스의 지분 80%를 8.8억 달러, 한화로 약 1조 원에 인수했다. 그리고 2026년 현재, 양산 직전 단계에 이르렀다.

이것이 무엇을 의미하는가? 현대차그룹은 더 이상 단순한 자동차 회사가 아니라는 것이다. 현대차그룹은 구대륙(자동차)의 안정성과 신대륙(로봇)의 성장성을 모두 가진 유일한 기업이다.

현대차 주가(2024~2026년)

현대차그룹의 주가를 오랫동안 짓눌러 온 문제가 있었다. 바로 노동조합(이하 '노조'로 약칭)이다.

현대차 울산 공장 노조는 한국에서 가장 강력한 노조다. 1987년

결성 이후 거의 매년 파업을 단행했다. 임금 인상 요구, 복지 확대, 근무 시간 단축 등 노조의 요구는 끝이 없었고, 현대차는 그 비용을 고스란히 떠안았다. 2025년 현대차 울산 공장 노동자의 평균 연봉은 약 1억 원이었다. 세계 어느 자동차 공장 노동자의 평균 연봉보다 높았다.

문제는 임금만이 아니었다. 생산성도 떨어졌다. 파업으로 발생한 생산 차질, 근무 시간 제한이 불러온 가동률 저하 등 생산성 하락 문제를 해결하기 위해 현대차는 미국 앨라배마, 체코, 인도, 중국 등지에 해외 공장을 늘려 왔다. 하지만 한국 공장의 고비용 구조는 여전했고, 이것은 현대차 주가의 발목을 잡았다.

투자자들은 현대차를 '노조 리스크가 큰 회사'로 봤다. 글로벌 자동차 기업의 평균 PER이 12배인데, 현대차는 6배에 불과했다. 이것이 바로 '코리아 디스카운트'의 실체였다.

그런데 2026년, 이 문제를 해결할 카드가 등장했다. 바로 휴머노이드 로봇이다. 현대차는 2027년부터 미국 앨라배마 공장에 보스턴 다이내믹스의 아틀라스를 시범 투입한다고 발표했다. 초기에는 100대, 2028년에는 1,000대, 2029년에는 5,000대로 투입 규모를 점진적으로 늘릴 계획이다. 로봇은 24시간 일할 수 있고, 파업을 하지 않으며, 임금 인상을 요구하지 않는다. 로봇 1대의 구매 비용이 6,500만 원이라면, 3년 사용으로 본전을 뽑는다. 그 이후에 휴머노이드 로봇을 통해 올린 이익은 순수익이다.

더 중요한 것은 상징적 의미였다. 생산 라인에 휴머노이드를 투입한다고 발표함으로써 현대차는 더 이상 노조에 의존하지 않아도 된다는 메시지를 보낸 것이다. 노조가 파업을 하면? 로봇 투입을 늘리면 된다. 노조가 임금 인상을 요구하면? 로봇은 추가 비용이 들지 않는다.

물론 한국 공장에 당장 로봇을 투입하기는 어렵다. 노조가 강하게 반발할 것이다. 하지만 해외 공장부터 시작하면 된다. 미국, 체코, 인도 공장에서 로봇이 성공적으로 작동하는 모습을 보여 주면, 한국 노조도 결국 이를 현실로 받아들일 수밖에 없다. 끝까지 받아들일 수 없다 하더라도, 현재의 노조원들이 지속적으로 정년퇴직을 함에 따라 노조의 영향력은 줄어들 수밖에 없는 구조다. 현대차 직원 중 10년 내 정년퇴직을 앞둔 50대 이상 직원 비율은 43.7%에 달한다. 이렇게 되면 현대차그룹 주가를 짓눌러 온 가장 큰 리스크가 해소되는 것이다.

중국 휴머노이드 현대차그룹만이 막을 수 있다

2026년 2월, 한국의 한 대형 마트에 중국산 휴머노이드가 전시됐다. 유니트리라는 중국 기업이 만든 제품이었다. 키 127cm, 무게 35kg으로 CES 2026에서 복싱하는 로봇으로 화제를 모았던 바로 그 모델이었다. 이 로봇의 가격은 약 3,000만 원. 이제 누구나 마트에 가서 휴머노이드를 살 수 있는 시대가 됐다. 중국은 이미 유니트리, 유비텍, 애지봇 등의 기업들이 휴머노이드 로봇을 양산 중이다.

이들의 가격은 테슬라 옵티머스의 목표가인 2만 달러의 절반 수준이다. 기술력은 아직 보스턴 다이내믹스나 테슬라에 미치지 못하지만, 중국은 물량으로 그 격차를 메우고 있다.

중국의 전략은 명확하다. 저가 공세로 시장을 선점하고, 생산 물량을 늘려 비용을 더 낮추고, 기술 격차를 빠르게 따라잡는 것이다. 이 전략은 LFP 배터리, 태양광, 전기차 시장에서 이미 성공을 거둔 바 있다. 2020년대 초반만 해도 한국 배터리 3사가 글로벌 시장을 주도했지만, 2025년에는 중국 CATL이 시장 점유율 1위를 차지했다. 휴머노이드 시장에서도 같은 일이 벌어질 가능성이 높다.

테슬라가 중국의 도전을 막을 수 있을까? 가능한 시나리오다. 일론 머스크는 이미 전기차로 중국과 경쟁해 이긴 경험이 있다. 테슬라는 현대차처럼 자동차 대량 생산 경험이 있기 때문에 로봇 시장에서도 두각을 나타낼 것이다. 피규어 AI 등도 중국의 대항마로 거론되고 있지만, 대량 생산 능력에 의문이 제기된다.

일본 기업들은 어떨까? 기술력은 있지만 상업화 경험이 부족하다. 소프트뱅크가 보스턴 다이내믹스를 인수했을 때도 사업화에 실패했다. 혼다 아시모도 상업화되지 못했다.

유럽 기업들은? 1X 테크놀로지스 같은 로봇 기업들이 있지만, 당장 산업 현장에 뛰어들 수 있는 휴머노이드보다는 가정용 모델에 주력하고 있다.

결국 휴머노이드 로봇 시장에서 중국의 거친 도전을 물리칠 수 있는 기업은 테슬라와 현대차그룹뿐이다. 현대차그룹은 보스턴 다이내믹스라는 세계 최고의 기술력을 가지고 있다. 동시에 연간 700만 대 이상의 자동차를 생산하는 대량 생산 능력도 보유했다. 공급망 관리, 품질 관리, 원가 절감 능력 역시 모두 검증됐다. 보스턴 다이내믹스의 기술력에 현대차그룹의 생산 능력이 결합되면, 중국과 가격 경쟁도 충분히 가능하다.

현대차그룹은 2026년 연간 3만 대 규모의 생산 시스템을 가동할 예정이고, 장기적으로 2035년까지 연 60만 대를 생산하겠다는 비전을 가지고 있다. 초기에는 가격이 너무 높아서 상품성이 떨어지겠지만, 대량 생산 체제에 돌입하게 되면 당연히 생산 원가는 현저히 낮아질 것이다.

보스턴 다이내믹스 밸류 체인, 자동차 부품주에서 로봇주로

보스턴 다이내믹스의 지분 구조를 살펴보자. 보스턴 다이내믹스의 최대 주주는 현대차(49.5%), 기아(30.5%), 현대모비스(20%)가 출자한 HMG글로벌이다. 현대차그룹 핵심 계열사가 모두 보스턴 다이내믹스에 투자하고 있는 구조다.

유통과 AS는 현대오토에버가 맡는다. 로봇은 자동차보다 훨씬 복잡하고 정밀하기 때문에, 유지 보수 시장 규모도 클 것이다. 로봇이 많이 팔릴수록 현대오토에버의 수익도 늘어난다.

또 중요한 것은 1차 벤더들이다. 현대차의 공급망에 속한 부품 기업들은 자동차 부품을 만들어 왔지만, 이제는 로봇 부품도 함께 만들게 된다.

에스엘은 자동차용 램프를 만들던 회사다. 그런데 자동차 램프 기술은 로봇 센서 모듈에도 적용된다. 로봇의 눈과 귀 역할을 하는 센서는 휴머노이드의 핵심 부품이다. 에스엘은 이미 현대차와 긴밀히 협력 중이고, 보스턴 다이내믹스에도 센서 모듈을 공급할 가능성이 높다.

HL만도는 자율주행 센서와 브레이크 시스템을 만든다. 자율주행차에 들어가는 카메라, 라이다, 레이더가 로봇에도 그대로 들어간다. HL만도는 현대차그룹의 핵심 협력사로, 로봇 사업에서도 중요한 역할을 할 것이다.

현대위아는 자동차 변속기를 만들던 회사다. 변속기 기술은 로봇 관절의 감속기로 전환된다. 로봇 1대에는 관절이 20개 이상 들어가고, 각 관절마다 감속기가 필요하다. 현대위아는 이미 감속기 기술을 보유하고 있으므로 로봇 시장에서 큰 수혜를 받을 것이다.

현대모비스는 자동차 모듈 통합 공급을 담당한다. 자동차는 수만 개의 부품으로 이뤄져 있는데, 현대모비스는 이것을 몇 개의 큰 모듈로 묶어서 공급한다. 이 모듈화 기술이 로봇에도 적용된다. 로봇도 수천 개의 부품으로 이뤄져 있는데, 현대모비스가 이것을 통합 모듈로 만들어 공급하면 생산 효율이 크게 높아진다. 지분 보유에 납품 실적까지 더해지는 것이다.

즉, 현대차그룹 밸류 체인에 속한 모든 부품 기업이 로봇 밸류 체인에도 속하게 된다. 그동안 이들은 '자동차 부품주'로 분류되며 저평가되어 왔다. PER 10배의 저성장이 예상되는 주식에 투자자들은 관심을 주지 않았다. 하지만 2027년부터 이들은 '로봇주'가 된다. 로봇 시장은 연평균 성장률이 50%가 넘는 폭발적 성장 산업이다. 이에 따라 이들 부품 기업들의 실적도 급증할 것이고, 주가도 재평가될 것이다. PER이 10배에서 30배로 뛴다면, 주가는 3배가 된다.

이것이 바로 2026년, 이들 주식에 지금 투자해야 하는 이유다.

보스턴 다이내믹스 지분 구조(2026년 현재 기준)

주주명	지분율	비고
HMG글로벌	56.6%	현대차·기아·현대모비스 합작 미국 투자 법인
정의선 회장	22.6%	개인 자격 출자(인수 당시 20%에서 소폭 상승)
현대글로비스	11.3%	2025년 추가 출자로 지분율 확대
소프트뱅크	9.5%	구 최대 주주, 현대 소수 지분 보유
합계	100%	현대차그룹 합산 지분율 90.4%

※지분율은 반올림 수치임.

현대차그룹 밸류 체인에 주목하라

보스턴 다이내믹스의 양산이 2027년 초로 임박했다면, 투자자들은 지금 무엇을 해야 할까? 답은 명확하다. 현대차그룹과 그 밸류 체인에 주목해야 한다.

투자의 핵심은 타이밍이다. 2026년 상반기, 지금이 바로 이들 기업의 주식을 매수할 타이밍이다. 시장은 아직 현대차그룹의 로봇

사업이 지닌 가치를 완전히 인식하지 못했다. 현대차, 기아의 PER
은 글로벌 자동차 기업 평균 PER에 미치지 못하는 실정이다. 하지
만 2027년 보스턴 다이내믹스의 양산이 시작되고, 공장에서 아틀
라스가 실제로 일하는 모습이 공개되면, 시장의 시각은 완전히 바
뀔 것이다. 이윽고 투자자들은 깨닫게 된다.

"아, 현대차는 자동차 회사가 아니라 로봇 회사였구나!"

그때 PER은 20배, 30배로 뛰고, 주가는 2배, 3배가 된다.
현대차그룹의 밸류 체인은 크게 세 가지 레이어로 나뉜다.

첫 번째 레이어는 완성차 기업들이다.

현대차, 기아, 현대모비스. 이들은 보스턴 다이내믹스의 직접 지
분을 보유하고 있어, 로봇 양산이 시작되면 가장 큰 수혜를 받는다.
안정성과 성장성을 모두 갖추고 있어 포트폴리오의 핵심이 되어야
한다.

두 번째 레이어는 1차 벤더들이다.

에스엘, HL만도, 현대위아. 이들 부품주는 현대차그룹보다 변동
성이 크지만, 성장 잠재력도 그만큼 더 높다. 로봇 시장이 폭발하면
이들의 주가는 완성차 기업보다 더 빠르게 오를 것이다.

세 번째 레이어는 AS와 소프트웨어다.

현대오토에버는 보스턴 다이내믹스의 AS를 담당한다. 로봇이 많이 팔릴수록 유지 보수 수요도 증가하고, 현대오토에버의 수익도 늘어난다.

이 세 가지 레이어를 균형 있게 배분하는 것이 중요하다.

2027년 하반기가 되면 상황이 달라질 것이다. 보스턴 다이내믹스의 양산이 확인되고, 테슬라 옵티머스도 공장에 투입되면, 로봇 시장에 대한 확신이 시장 전반에 생긴다. 이때는 포트폴리오에서 로봇 섹터의 비중을 확대할 수 있다. 현대차그룹 종목들의 비중을 늘리는 것은 물론이고, 글로벌 로봇 관련주도 추가로 편입할 수 있다. 테슬라가 옵티머스 양산에 성공한다면 테슬라 주식도 매수를 고려할 만하다. 엔비디아는 로봇 AI 칩을 공급하기 때문에 휴머노이드 시장이 커질수록 수혜를 받는다.

2028년 이후는 수익 실현 단계다. 로봇 섹터의 주가는 2027년과 2028년에 급등할 가능성이 높다. 시장이 과열되는 구간에서는 일부 차익을 실현하는 것이 현명하다. 하지만 완전히 매도하는 것은 지양해야 한다. 로봇 시장은 2030년까지 계속 성장할 것이고, 특히 현대차그룹은 장기적으로 보유할 가치가 있다. 부분 차익 실현을 통해 투자 원금을 회수하고, 나머지는 장기 보유하는 전략이 바람직하다.

2030년, 휴머노이드는 일상이 된다

2030년, 이제 집집마다 자동차 대신 휴머노이드를 장만한다. 자동차는 하루에 1~2시간만 쓰고 대부분의 시간에는 주차장에 있지만, 휴머노이드는 쓰임새가 훨씬 다양하다. 뒤에서 설명하겠지만, 향후 자동차는 로보택시의 대중화로 살 필요가 없어진다. 그러나 휴머노이드는 집에 갖춰 두면 집안일, 심부름, 숙제, 말동무 등 온갖 걸 다 시킬 수 있다. 아무리 많은 일을 시켜도 싫은 내색 하나 비치지 않는다.

특히 저출생 고령화로 노인 인구가 전체 인구의 절반을 넘어선 한국에서 휴머노이드는 필수가 됐다. 운동 능력이 떨어지는 노인들은 휠체어 대신 휴머노이드에게 업혀 계단을 오르내린다. 무거운 짐도 들어 주고, 힘든 일도 대신해 주니 행복한 노후 생활을 위해서 휴머노이드는 없어서는 안 될 동반자로 여겨진다.

저출생으로 군 병력은 계속 감소하고 있지만, 휴머노이드가 있기 때문에 끄떡없다. 북한이 보병 규모에서 앞서가고 있지만 휴머노이드 덕분에 침공당할 일은 없다. 북한은 휴머노이드를 자체 생산할 수 없지만, 한국은 자체 생산이 가능하기 때문이다.

산업 현장에서는 이미 인간 노동자를 보기가 힘들어졌다. 휴머노이드의 등장 이전에도 로봇 밀도 세계 1위를 자랑하던 한국은 휴머노이드의 등장으로 외국인 노동자들마저 자취를 감췄다. 건설 현장에서도 휴머노이드가 건물을 짓는 모습이 흔한 풍경이다. 농촌에 가면 휴머노이드가 밭을 갈고 있다.

병원에서도 휴머노이드의 활약은 대단하다. 노인 인구 증가로 병원을 찾는 환자가 급증했는데, 휴머노이드가 곳곳에서 환자들을 돌보고 있다. 방대한 의료 지식이 AI로 학습된 의료 전문 휴머노이드가 환자를 케어하며 일손을 크게 줄이고 있다.

이것이 2030년 우리 사회의 모습이다.

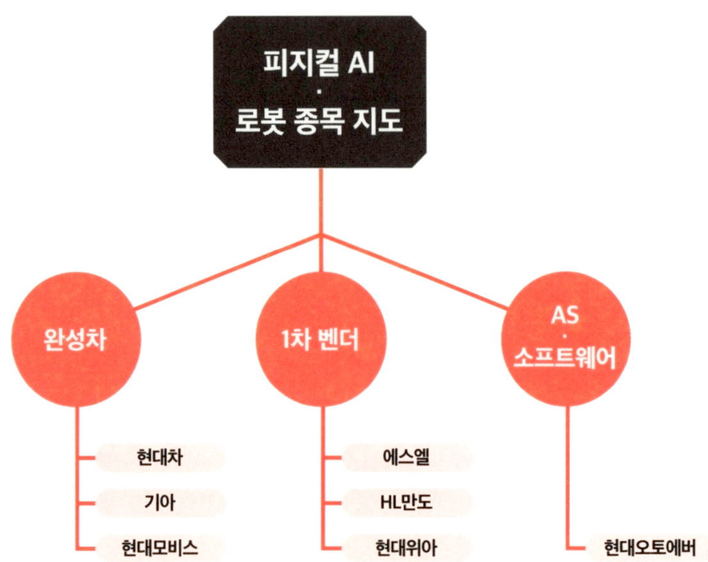

피지컬 AI·로봇 코스피·코스닥 투자 판단표

시장	기업	종목 코드	투자 포인트	ACTION
코스피	현대차	005380	보스턴 다이내믹스 지분 보유, 휴머노이드 양산 기반	●
코스피	기아	000270	보스턴 다이내믹스 지분 보유, 로봇 생산 체계 구축	●
코스피	현대모비스	012330	로봇 모듈 통합, 밸류 체인 핵심 공급	●
코스피	현대오토에버	307950	로봇 유지 보수, 소프트웨어 운영	●
코스피	에스엘	005850	센서·인식 모듈, 로봇 부품 전환	○
코스피	HL만도	204320	라이다·카메라 센서, 로봇 인식 모듈	○
코스피	현대위아	011210	감속기 기술 기반, 로봇 관절 핵심	○
코스피	현대글로비스	086280	보스턴 다이내믹스 지분 보유 물류·공급망 연계	○

CHAPTER 8

자율주행차·로보택시
도로 위의 빅뱅

탐험기

자율주행 기술은 2010년대 초반부터 자동차 산업의 미래로 여겨졌다. 하지만 15년이 지난 지금도 여전히 '미래'로 남아 있다. 왜일까? 자율주행의 역사는 크게 세 개의 시대로 나뉜다.

첫 번째는 레벨2 시대다.

2015년 테슬라가 오토 파일럿을 출시하면서 시작됐다. 오토 파일럿은 차선 유지, 속도 조절, 자동 주차가 가능했다. 운전자가 핸들을 잡고 있어야 하지만, 고속도로에서는 거의 차가 알아서 움직였다. 2020년대 초반 현대차, BMW, 벤츠 등 거의 모든 자동차 회사가 레벨2 자율주행을 탑재했다. 하지만 레벨2는 진정한 자율주행이 아니었다. 운전자는 여전히 도로를 주시해야 했고, 사고 책임도 운전자에게 있었다.

두 번째는 레벨3 시대다.

2021년 혼다가 세계 최초로 레벨3 자율주행차 레전드를 출시했다. 특정 조건에서는 운전자가 핸들에서 손을 떼고 다른 일을 할 수 있었다. 하지만 조건이 너무 제한적이었다. 고속도로에서만, 시속 50km 이하에서만, 날씨가 좋을 때만 가능했다. 그러다 보니 실제로 쓸모가 거의 없었다. 지금은 메르세데스 벤츠가 독일과 미국 등지에서 레벨3 자율주행 시장에 진출한 상태다.

그리고 2026년, 세 번째 시대가 열리고 있다. 레벨4 시대다.

레벨4는 특정 지역 내에서는 운전자가 전혀 개입하지 않아도 되는 완전 자율주행이다. 샌프란시스코, LA 등에서 웨이모의 로보택시가 이미 상업 서비스를 하고 있다. 승객은 앱으로 차를 부르고, 탄다. 운전석은 비어 있다. 차는 알아서 목적지까지 간다. 2025년 웨이모는 하루 평균 6만 건 이상의 주행을 했다. 이것은 더 이상 실험이 아니다. 소비자가 존재하는 엄연한 비즈니스다.

하지만 레벨4에도 한계가 있다. 아직까지는 특정 지역에서만 작동한다. 웨이모는 샌프란시스코, LA, 피닉스 등의 몇 개 도시에서만 서비스한다. 다른 도시로 가려면 로보택시를 위한 지도를 새로 만들고, 테스트를 하고, 당국의 규제 승인을 받아야 한다. 이 과정에서 시간과 비용이 엄청나게 든다. 그래서 자율주행 업계는 지금 새로운 기술에 주목하고 있다. 바로 E2E(End-to-End) 방식이다.

E2E 혁명, 지도 없이도 운전하는 시대

자율주행 기술은 크게 두 가지 방식으로 나뉜다.

첫 번째는 룰 기반 방식이다.

웨이모, 크루즈 같은 기업들이 쓰는 방식이다. 차선, 신호등, 보행자를 인식하고, 각각에 대한 규칙을 프로그래밍한다. 이를테면 '차선을 벗어나면 안 된다', '신호등이 빨간불이면 멈춘다', '보행자가 있으면 양보한다' 등의 수천 가지 규칙을 코딩해야 한다. 그리고 모든 도시마다 HD 맵(고정밀 지도)을 만들어야 한다. 도로의 모든 차선, 신호등, 표지판 위치를 센티미터 단위로 기록해야 한다. 이것이 웨이모가 샌프란시스코와 LA, 피닉스 등 제한된 지역에서만 로보택시 서비스를 운영하는 이유다. 이 서비스를 다른 도시로 확장하려면 수십억 원을 들여 HD 맵을 새로 만들어야 한다.

두 번째는 E2E 방식이다.

테슬라가 선도하고 있는 방식이다. E2E는 'End-to-End'의 약자로, 카메라 영상이 들어가면 핸들 조작이 바로 가능하다. 자동차를 움직이기 위해 중간에 규칙을 프로그래밍할 필요가 없다. AI가 수백만 건의 주행 데이터를 학습해서, 사람처럼 운전하는 법을 배우니 HD 맵이 필요 없다.

E2E 방식의 자율주행차는 처음 가는 도시에서도 작동한다. 왜냐하면 AI가 '도로가 이렇게 생겼으니 이렇게 운전하면 된다'를 학습했기 때문이다.

테슬라는 2025년 FSD(Full Self-Driving) 14.0을 배포했고 계속 업그레이드 중이다. 완전한 E2E 방식이다. 유튜브에는 FSD를 체험한 영상들이 넘쳐 난다. 뉴욕 맨해튼의 복잡한 거리에서도, 좁은 주차장에서도, 심지어 비포장도로에서도 작동한다. 물론 완벽하지는 않다. 가끔 실수를 한다. 하지만 점점 나아지고 있다. 중국의 BYD도 자체 개발한 E2E 자율주행 시스템 천신의 눈(天神之眼)을 발표했다. 가격은 테슬라의 절반 수준이다.

자율주행 산업은 지금 룰 기반에서 E2E로 전환하는 중이다. 그리고 이 전환이 완성되면, 로보택시는 전 세계로 확산될 것이다.

2026년 말 시작될 현대차 모셔널 자율주행

2026년 1월 CES에서 가장 주목받은 차는 메르세데스 벤츠 CLA였다. 이 차에는 엔비디아의 자율주행 스택 알파마요가 탑재됐다. 엔비디아는 이제 단순히 AI 칩을 설계하고 파는 것에서 나아가 전 세계 자동차 메이커들을 하나로 묶을 수 있는 자율주행 시스템을 판매하려고 하고 있다.

이것은 마치 스마트폰 업계에서 구글의 안드로이드 전략을 떠올리게 한다. 삼성전자, 샤오미, 비보, 오포 등 스마트폰 제조사는 달라도 운영 체제는 전부 구글의 안드로이드를 쓰는 것처럼 이제 자동차 메이커는 달라도 자율주행 운영 체제는 모두 엔비디아의 알파마요를 쓰게 될지도 모른다.

테슬라가 애플처럼 자체 디바이스를 생산하고 자체 운영 체제를 갖춘 자동차 메이커라면, 엔비디아는 구글처럼 디바이스는 생산하지 않지만 여러 제조사들에 운영 체제만 파는 기업이 될 것이다. 이제 자동차 제조사들은 막대한 비용을 들여서 자율주행 시스템을 개발할 필요가 없다. 엔비디아에 사용료만 지불하면 누구나 수준 높은 자율주행 기능을 누릴 수 있는 시대가 다가오고 있다.

날로 발전하는 자율주행 시장을 바라보며 한국 기업도 가만히 있지 않았다. 현대차그룹이 앱티브와 합작으로 만든 자율주행 전문 기업 모셔널이 2026년 말 레벨4 로보택시 서비스를 라스베이거스에서 시작한다고 발표했다. 현재 모셔널의 로보택시는 우버 앱을 통해 라스베이거스에서 시범 운행 중이다. 한국에서는 포티투닷이 자율주행 생태계를 구축 중이다.

모셔널의 진짜 의미는 따로 있다. 현대차그룹은 단순히 로보택시 서비스만 하는 것이 아니다. 로보택시를 통해 자율주행 데이터를 쌓고, 그 데이터로 일반 승용차의 자율주행 기능을 개선하는 데 활용한다. 이러한 기능은 향후 출시되는 신차에 적용될 가능성이 높다. 현대차그룹은 휴머노이드 로봇에 이어 자율주행에서도 신대륙의 중심에 서고 있다.

그런데 한 가지 간과하기 쉬운 사실이 있다. 테슬라 FSD는 이미 양산 단계라는 것이다. 테슬라는 FSD를 계속 고도화시키고 있고, 2026년 4월 운전대와 페달이 없는 로보택시 전용 차량 사이버캡을 텍사스에서 초기 생산할 계획이다.

이제 자율주행은 탐험기를 넘어 본격적인 건설기로 진입 중이다. 2027년에는 사이버캡의 대량 생산이 예정되어 있다. 이때가 되면 자율주행은 이제 본격적인 규모의 경제 단계로 진입하게 된다. 지금이 바로 투자 적기인 이유다.

왜 지금 투자해야 하나? 로보택시 시장의 경제학

그렇다면 로보택시가 왜 중요한가? 단순히 운전자 없는 택시가 신기해서가 아니다. 로보택시는 교통 산업 전체를 재편한다. 우선 로보택시와 관련된 숫자를 보자. 2025년 전 세계 택시 시장 규모는 약 3,000억 달러다. 여기에 우버, 리프트 같은 차량 공유 서비스까지 합치면 약 4,000억 달러에 이른다. 그런데 이 시장에서 가장 큰 비용은 무엇인가? 바로 운전기사 인건비다. 이 비용이 전체의 60~70%를 차지한다.

로보택시는 이 인건비 지출을 없앤다. 운전기사를 고용할 필요가 없으니 서비스 비용이 절반으로 줄어든다. 소비자에게는 더 저렴한 가격으로, 기업에게는 더 높은 수익률로 돌아온다. 2030년 로보택시 시장은 약 1,000억 달러 규모로 성장할 것으로 예상된다. 2035년에는 3,000억 달러를 넘어설 것이다.

하지만 로보택시의 진짜 의미는 따로 있다. 로보택시는 자동차 소유의 개념 자체를 바꾼다. 지금은 대부분의 사람들이 차를 산다. 보통 하루 평균 1~2시간 쓰고, 나머지 22~23시간은 주차장에 세워둔다. 자동차를 소유함으로써 들어가는 유지 관리비 등을 고려하면 이 같은 사용 방식은 비효율적이다.

하지만 로보택시가 충분히 보급된다면? 굳이 차를 살 필요가 없다. 차를 써야 할 때마다 로보택시를 부르면 된다. 가격도 저렴하니 부담이 없다. 이것은 자동차 산업 전체에 충격을 준다. 자동차 판매량은 줄어들지만, 자동차 이용 빈도는 늘어난다. 로보택시 1대는 하루 20시간 이상 운행할 수 있다. 일반 승용차보다 5배 이상 많이 쓰인다. 그만큼 빨리 닳고, 교체 주기도 짧아진다.

자동차 회사들은 이제 판매 모델에서 서비스 모델로 전환해야만 한다. 차를 팔아서 돈을 버는 게 아니라, 로보택시 서비스를 운영해서 돈을 버는 것이다. 이것은 지금까지와는 완전히 다른 비즈니스다. 현대차그룹은 이미 이 전환을 준비 중이다. 모셔널을 통해 로보택시 서비스를 직접 운영하고, 그 경험을 바탕으로 미래 전략을 세운다.

테슬라도 마찬가지다. 일론 머스크는 "테슬라의 미래는 로보택시"라고 수없이 말했다. 자율주행 시장에 투자하는 것은 단순히 기술 발전에 베팅하는 것이 아니다. 교통 산업 전체의 재편에 베팅하는 것이다.

그렇다면 한국 기업들은 어디서 기회를 찾을 수 있을까?

자율주행 완성차는 이미 현대차그룹이 모셔널을 통해 진입했다. 하지만 자율주행 시장은 완성차만으로 이뤄지지 않는다. 자율주행차 1대를 만들려면 수백 개의 부품이 필요하다. 특히 ADAS(첨단 운전자 보조 시스템) 부품과 센서가 핵심이다.

ADAS는 레벨2~3 자율주행에 필수적이다. 차선 유지, 자동 긴급 제동, 사각지대 경고, 스마트 크루즈 컨트롤 등 이 모든 기능이 ADAS다. 2026년 현재 유럽과 미국에서는 ADAS 장착이 사실상 의무화되고 있다. 2027년부터 유럽에서 판매되는 모든 신차에는 최소한의 ADAS 기능이 반드시 들어가야 한다.

HL만도 주가(2024~2026년)

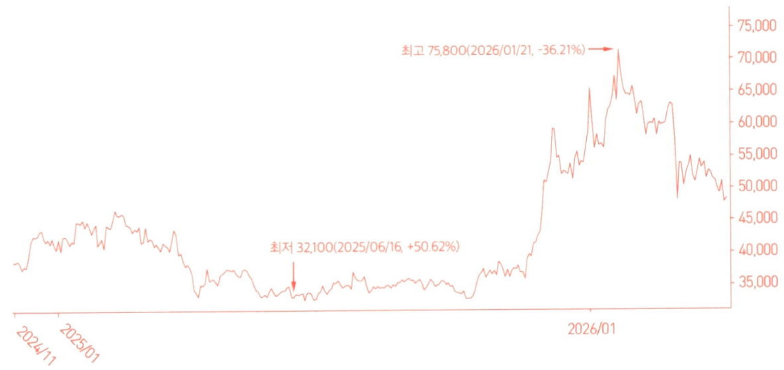

한국 기업 중 HL만도가 이 시장에서 강하다. HL만도는 자동차 브레이크 시스템으로 시작했지만, 지금은 ADAS 통합 솔루션을 제공한다. 카메라, 레이더, 제어 모듈을 묶어서 완성차 업체에 공급한다. 2025년 HL만도의 ADAS 매출은 약 3조 원이었고, 2030년에는 10조 원으로 증가할 전망이다.

센서도 중요하다. 자율주행차는 주변 환경을 인식하기 위해 카메라, 라이다, 레이더를 사용한다. 한국은 카메라와 이미지 센서에서 세계적 경쟁력을 보유했다. 삼성전자의 이미지 센서는 세계 2위이고, LG이노텍의 카메라 모듈은 세계 1위다. 이들은 지금까지 스마트폰용 카메라를 만들어 왔지만, 이제 자동차용 카메라로 사업을 확장하고 있다.

라이다 제조는 아직 한국이 약한 분야다. 글로벌 라이다 시장은 미국 루미나, 독일 이노비즈가 주도하고 있다. 하지만 한국에도 에스오에스랩 같은 스타트업들이 라이다를 개발 중이다. 아직 규모는 작지만, 성장 잠재력은 크다.

자율주행 시장에서 한국 기업들의 기회는 부품에 있다. 완성차는 현대차그룹과 테슬라, 웨이모가 주도하겠지만, 부품은 여러 기업들이 나눠 가질 수 있다. 그리고 부품 시장은 완성차 시장보다 더 크다.

자율주행은 부품주 중심으로 단계적 진입

자율주행 시장은 현재 휴머노이드 로봇만큼 확실하지 않다. 기술은 급속도로 발전 중이지만 아직 규제 문제가 남아 있고, 기술 검증도 진행 중이다. 따라서 투자 전략도 신중해야 한다. 자율주행에서 가장 문제가 되는 것은 사고가 발생했을 시 운전자의 책임 여부다. 자율주행차가 사고를 냈을 때, 그것은 과연 누구의 책임인가? 이런 법률적인 문제가 넘어야 할 산이다.

그래서 완성차보다는 부품주 중심으로 투자해야 한다. 왜냐하면 부품주는 자율주행 상용화가 늦어져도 기존 자동차 시장에서 수익을 낼 수 있고, 로봇 부품과도 밀접하게 연관되어 있기 때문이다. HL만도는 ADAS 시장에서 이미 자리를 잡았다. 자율주행이 빠르게 확산되든 늦어지든, ADAS 수요는 계속 증가한다. 유럽과 미국의 규제가 강화되고 있어서, ADAS 탑재율은 매년 상승하고 있다. HL만도는 안정적인 수익을 보장하면서도, 자율주행 시장이 폭발하면 큰 수혜를 받는 부품주다.

삼성전기와 LG이노텍도 고려할 만하다. 이들은 자율주행만을 위한 기업이 아니지만, 자동차 사업 비중이 늘어나고 있다. 삼성전기는 테슬라의 자율주행에서 핵심적인 역할을 하는 카메라 모듈을 공급한다. LG이노텍의 카메라 모듈은 휴머노이드 로봇 제작에서도 각광받고 있고, 역시 자율주행에서도 중요한 역할을 수행할 것이다. 이들도 HL만도처럼 장기적으로 안정적인 수익을 기대할 수 있는 부품주다.

소프트웨어 쪽도 중요하다. 슈어소프트테크는 자율주행의 필수요소인 소프트웨어 안전성 검증 분야에서 독보적 위치를 차지하고 있다. 현대차가 슈어소프트테크의 2대 주주이기도 하다.

2027년 하반기가 되면 상황이 명확해진다. 모셔널의 서울 지역 서비스가 시작되고, 테슬라 FSD가 레벨4에 도달하면, 시장의 확신이 생긴다. 그때 자율주행 섹터의 비중을 크게 확대할 수 있다. 현대차와 모셔널 지분을 보유한 현대모비스도 추가로 편입할 수 있다. 현대모비스는 보스턴 다이내믹스 지분을 보유하고 있기도 하다. 이렇게 휴머노이드와 자율주행 시장의 성장으로 양쪽의 수혜를 모두 받으리라 예상되는 종목에 집중하는 전략이 좋다.

2028년 이후는 수익 실현 단계다. 자율주행 부품주들의 주가는 2027~2028년에 급등할 가능성이 높다. 시장이 과열되는 구간에서는 일부 차익을 실현하되, 장기 보유 물량은 남겨 둔다. 자율주행 시장은 2030년 이후에도 계속 성장할 것이기 때문이다.

자율주행차 산업 리스크 요인

첫째, 규제 지연이다.

로보택시가 상업화되려면 정부 승인이 필요하다. 미국 캘리포니아는 웨이모의 로보택시 운행을 승인해 줬지만, 다른 주들은 아직 신중하다. 한국도 마찬가지다. 모셔널이 2026년 말 서비스를 시작한다고 했지만, 규제 승인이 늦어지면 지연될 수 있다. 정책은 기술보다 느리다. 기술이 준비되어도 법이 따라오지 못하면 시장은 열리지 않는다.

2024년 샌프란시스코에서 GM 크루즈의 로보택시가 보행자를 치는 사고가 있었다. 그 이후 크루즈는 서비스를 중단했고, 2026년 현재까지도 운행을 재개하지 못했다. 자율주행 사고는 일반 교통사고보다 훨씬 큰 파장을 일으킨다. 대중의 신뢰를 잃으면 회복하기 어렵다. 만약 2027~2028년에 자율주행차가 야기한 대형 사고가 발생한다면, 자율주행 시장 전체가 위축될 수 있다.

중국은 자율주행에서도 빠르게 따라오고 있다. 바이두의 아폴로, BYD의 자체 시스템, 샤오펑의 E2E 방식이 대표적이다. 중국 정부는 자율주행을 국가 전략 산업으로 지정하고 대규모 투자를 하고 있다. 2026년 현재 중국 내 로보택시 운행 대수는 미국을 추월했다. 중국이 먼저 시장을 장악해 버리면, 한국과 미국 기업들의 기회는 줄어든다.

하지만 이런 리스크들을 고려해도, 자율주행 시장은 여전히 투자할 가치가 있다. 다만 순수하게 자율주행에만 집중하는 기업보다는 휴머노이드 로봇 시장의 성장세로 이중 수혜를 받는 부품주를 사는 전략이 바람직하다.

2030년, 자율주행은 일상이 된다

2030년, 자율주행은 더 이상 신기한 뉴스거리가 아니다. 서울 강남에서 로보택시를 타는 것은 지하철을 타는 것만큼 자연스러운 일이다. 샌프란시스코, LA, 뉴욕, 상하이, 도쿄 등 전 세계 주요 도시에서 로보택시가 운행된다. 웨이모는 누적 주행 거리 10억km를 돌파하고, 테슬라는 로보택시 서비스를 10개 도시 이상으로 확대한다. 모셔널은 서울을 넘어 부산, 대구로 서비스 운영 지역을 확장했고, 현대차는 로보택시 전용 차량을 생산하기 시작한다.

한편 각 가정의 자동차 소유율은 감소하기 시작한다. 특히 도심에서는 차를 사는 것보다 로보택시를 쓰는 것이 더 경제적이다. 차를 사지 않고 월정액을 내고 서비스 구독 방식으로 자동차를 이용하는 사람들이 늘어나고 있다. 2030년 미국 도시 지역 자동차 소유율은 2025년 대비 10% 감소했다. 하지만 자동차 이용 빈도는 증가했다. 로보택시 덕분이다. 교통사고도 크게 줄었다. 한국은 노인 인구 증가로 교통사고 발생 건수가 증가 추세였는데, 로보택시의 도입으로 노인들이 운전대에서 손을 떼자 교통사고 발생률이 현저히 감소했다.

국내 여행객도 크게 늘었다. 예전에는 운전에 대한 스트레스 때문에 장거리 여행을 가지 않던 사람들도 이제는 차에서 자거나 놀면서 이동할 수 있기 때문에 거부감이 없어졌다. 덕분에 기존에 철도가 닿지 않던 곳까지 사람들이 몰리기 시작했다.

이제 운전을 하려면 교외에 있는 자동차 주행장을 찾아가야 한다. 오래전 자동차가 일상화되면서 말을 타려면 승마장으로 가야 했듯이 이제 자동차를 운전하는 짜릿함을 맛보기 위해서는 전용 주행장에 가야 한다. 운전은 이제 취미의 영역이 됐다.

자율주행차·로보택시 종목 지도

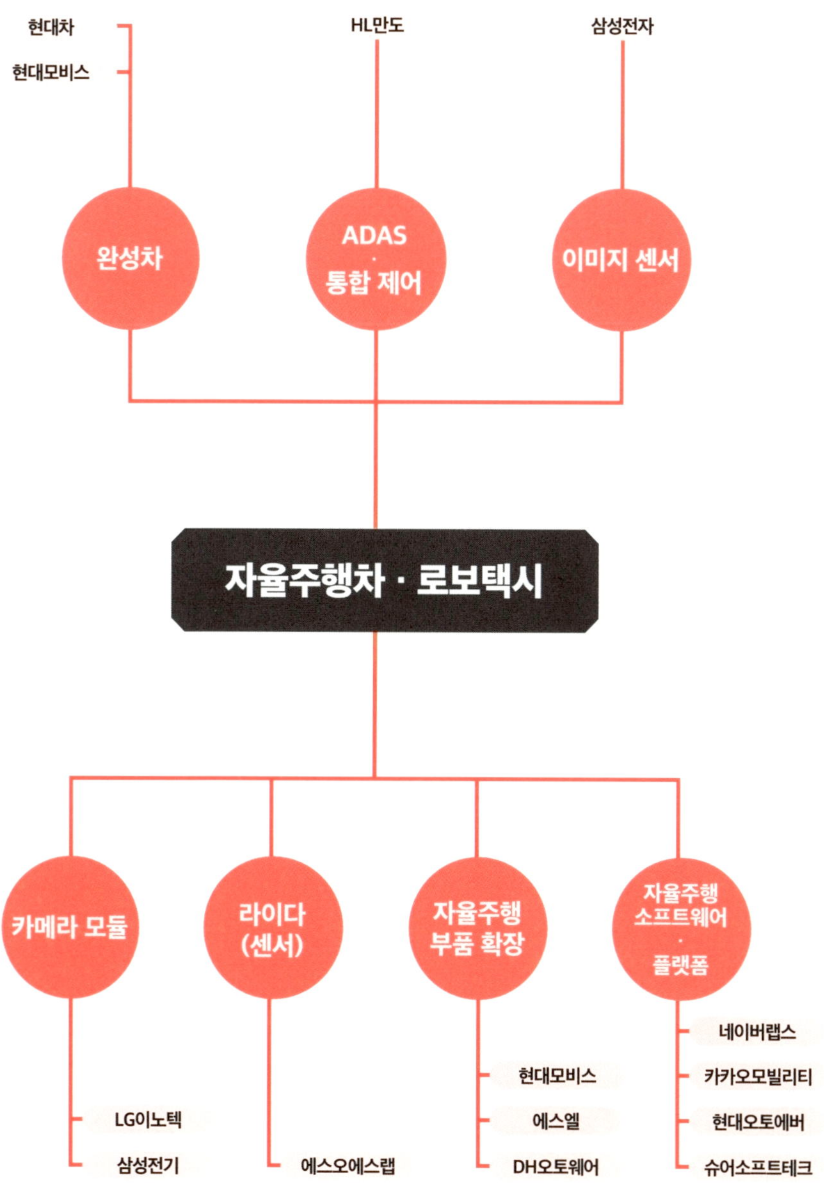

자율주행차·로보택시 코스피·코스닥 투자 판단표

시장	기업	종목 코드	투자 포인트	ACTION
코스피	현대차	005380	모셔널 로보택시, 자율주행 데이터 확보	●
코스피	현대모비스	012330	자율주행 모듈, 로봇·차량 통합 모듈	●
코스피	HL만도	204320	ADAS 통합 솔루션, 자율주행 부품 공급	●
코스피	삼성전기	009150	자율주행 카메라 모듈, 차량용 카메라 공급	◎
코스피	LG이노텍	011070	글로벌 카메라 모듈, 자율주행 센서 공급	◎
코스닥	슈어소프트테크	298830	자율주행 소프트웨어 검증, 차량 SW 안전성 검증	○

CHAPTER 9

드론 산업
무한한 가능성의 하늘을 열다

탐험기

드론의 역사는 크게 세 개의 시대로 나뉜다.

첫 번째는 취미용 드론의 시대다.

2010년대 초반 중국 DJI가 팬텀 시리즈를 출시하면서 시작됐다. 누구나 몇십만 원이면 하늘을 나는 카메라를 가질 수 있었다. 유튜 버들은 드론으로 멋진 풍경을 찍었고, 사진작가들은 새로운 앵글 을 발견했다. 하지만 드론 사용은 여전히 취미의 영역이었을 뿐 돈 을 버는 산업이 아니었다.

두 번째는 산업용 드론의 시대다.

2015년경부터 드론은 농업, 건설, 점검 분야에 투입되기 시작했다. 농약 살포, 송전탑 점검, 건설 현장 측량 등 사람이 하기 어렵거나 위험한 일을 드론이 대신했다. 2020년대 초반 산업용 드론 시장은 약 200억 달러 규모로 성장했다. 하지만 여전히 틈새시장이었다. 일반인의 삶과는 거리가 멀었다.

그리고 2026년, 세 번째 시대가 열리고 있다. 배송 드론의 시대다.

현재 국토교통부 주도로 충남 서산시, 제주도, 울주군 등 14개 지자체에서 드론 배송 상용화 서비스를 운영 중이다. 정부는 드론 배송의 본격적인 상용화 시점을 2027년으로 잡고 있다. 드론 배송은 아무래도 인허가 절차가 중요하기 때문에 중앙 정부에서 마련한 로드맵대로 흘러가게 마련이다.

드론은 이제 더 이상 취미나 실험의 영역이 아니다. 이를 활용한 서비스들이 본격적인 비즈니스 단계에 접어들었다. 한국만의 이야기가 아니다. 미국 아마존은 2024년부터 텍사스 일부 지역에서 드론 배송을 시작했고, 2026년 현재 10개 도시 이상으로 확장했다. 중국 JD닷컴은 2025년부터 농촌 지역 드론 배송을 본격화했고, 하루 배송 건수는 이미 10만 건을 넘어섰다. 드론은 더 이상 하늘을 나는 장난감이 아니다. 물류 산업의 혁명이다.

그런데 전 세계에서 드론 배송이 가장 효율적으로 이뤄지는 나라가 어디인 줄 아는가? 바로 한국이다. 물론 저출생에 따른 인구 감소로 배달 인력이 줄어들어서이기도 하지만, 한국의 주거 형태에 주목할 필요가 있다. 한국은 지구상 어디에서도 보기 드문 대단지 아파트 중심의 주거 문화를 가졌다. 아파트 단지 하나당 몇천 세대가 모여 사는 구조다. 물론 아파트 같은 집단 주거 형태는 어느 나라에나 있다. 하지만 한국처럼 수십 개의 동이 대규모 단지로 구성되어 있는 경우는 거의 없다. 이 추세는 점점 심해지고 있어서, 지금 추진 중인 구도심 재건축·재개발을 완료하게 되면 모두 이런 주거 형태로 바뀌게 된다.

드론이 아파트 단지별로 배송하게 되면 최고의 효율성을 발휘하게 된다. 미국 같은 경우는 집들이 넓은 땅에 다 분산되어 있기 때문에 한 동네를 배송해도 몇십 가구만 방문할 수밖에 없지만, 한국은 한 단지를 배송하면 수천 가구를 방문할 수 있다. 결국 현재 활발하게 추진되고 있는 재건축·재개발 사업들은 드론 배송의 효율성을 극대화시켜 주는 결과로 이어지게 된다.

이란 전쟁이 증명한 것, 드론은 현대전의 게임 체인저다

드론이 세상을 바꾸고 있음을 보여 주는 가장 강력한 증거는 배송이 아니라 전쟁터에서 나왔다. 2026년 2월 말, 이란과 미국의 군사 충돌이 발생했다. 호르무즈 해협이 봉쇄됐고, 유가는 급등했다. 하지만 이 전쟁에서 세계가 주목한 것은 미국의 최첨단 무기가 아니었다. 드론이었다.

이란은 수천 대의 드론을 전쟁에 투입했다. 소형 공격 드론, 정찰 드론, 자폭 드론 등 종류도 다양하다. 드론 1대의 가격은 수만 달러에 불과했지만, 수백만 달러짜리 미사일 방어 시스템을 무력화시켰다. 미국은 패트리엇 미사일로 드론을 요격했지만, 비용 대비 효율이 맞지 않았다. 패트리엇 미사일은 1발에 300만 달러였지만 드론은 1대에 5만 달러에 불과했다. 이란은 60대의 드론을 출격시켜 미국이 1발의 미사일을 쏘게 만들었다.

무기로서 드론의 효율성은 러시아-우크라이나 전쟁에서 이미 증명된 전술이었다. 2022년부터 우크라이나와 러시아는 전쟁을 수행하면서 드론을 대규모로 투입했다. 값싼 드론으로 비싼 탱크와 장갑차를 파괴했다. 2026년 이란 전쟁은 드론의 전력 무기화 가능성을 재확인시켰다. 드론은 21세기 전쟁의 게임 체인저다.

이내 각국 정부는 깨달았다. 드론 없이는 전쟁을 치를 수 없다는 것을. 2026년 3월, 미국 국방부는 군용 드론 예산을 2배로 늘린다고 발표했다. 유럽 각국도 마찬가지였다. 한국 정부도 2026년 방위사업청 전체 예산 중 드론 관련 예산을 3조 원 이상 배정했다.

드론 산업은 배송 혁명과 군사 혁명, 2개의 엔진으로 동시에 폭발하고 있다.

3배 이상 폭발적으로 성장한 드론 시장

이제 구체적으로 드론 산업과 관련된 숫자를 살펴보자. 2026년 전 세계 드론 시장 규모는 약 530억 달러다. 여기에는 취미용, 산업용, 군용 드론이 모두 포함된다. 배송 드론 시장은 아직 초기 단계다. 2026년 배송 드론 시장은 약 20억 달러 수준이다.

그런데 2030년이 되면 이야기가 완전히 달라진다. 전체 드론 시장은 약 1,500억 달러로 3배 증가한다. 그중 배송 드론 시장은 약 300억 달러로, 15배 폭증한다. 군용 드론 시장도 약 400억 달러로 2배 이상 성장한다. 드론 시장은 왜 이렇게 빠르게 성장하는가?

첫째, 배송 비용 절감 효과가 명확하기 때문이다.

기존 오토바이 배송은 건당 평균 5,000원의 비용이 든다. 인건비, 유류비, 차량 유지비를 모두 포함한 금액이다. 하지만 드론 배송은 건당 2,000원으로 오토바이 배송의 절반 이하다. 드론 1대의 구매 비용은 약 5,000만 원이지만, 하루 70건씩 배송하면 1년이면 본전을 뽑는다. 그 이후에 얻는 수익은 순수익이다.

둘째, 배송 속도가 압도적이기 때문이다.

강남에서 송파까지 오토바이로 30분 걸리는 거리를, 드론은 10분이면 간다. 하늘에는 교통 체증이 없기 때문이다. 빠른 배송을 원하는 고객은 기꺼이 추가 비용을 지불한다.

셋째, 규제가 완화되고 있기 때문이다.

2025년까지만 해도 도심 드론 비행은 거의 불가능했다. 항공법이 엄격했고, 안전사고 우려도 컸다. 하지만 2026년 들어 한국, 미국, 중국, 유럽 각국이 드론 배송 규제를 대폭 완화했다. 정해진 공역 내에서는 자유롭게 비행할 수 있게 됐다.

넷째, 기술이 성숙했기 때문이다.

배터리 기술이 발전하면서 드론의 비행시간이 30분에서 1시간 이상으로 늘어났다. AI 자율비행 기술도 발전해서, 사람이 조종하지 않아도 스스로 장애물을 피하고 목적지를 찾아간다. 2026년은 드론 산업의 임계점이다. 드론 산업은 이제 실험이나 취미의 영역을 넘어서 거대한 비즈니스로 발을 내딛었다.

한국 드론 산업의 현주소: 완성품은 약하지만, 부품은 강하다

그렇다면 한국 드론 산업은 어디에 위치할까?

솔직히 말하자면 한국은 드론 완성품 시장에서 중국에 크게 뒤처진 상태다. 중국 DJI는 글로벌 취미용 드론 시장의 70% 이상을 장악하고 있다. 상업용 드론 시장에서도 DJI, 유닉, 이항 같은 중국 기업들이 주도한다. 한국 기업 중 완성품 드론으로 글로벌 시장에서 경쟁력을 발휘하는 곳은 거의 없다.

하지만 지레 투자를 포기할 필요는 없다. 왜냐하면 드론 산업의 핵심은 완성품이 아니라 부품과 서비스이기 때문이다. 드론 1대를 만들려면 무엇이 필요한가?

첫째, 배터리다.

드론의 비행시간은 배터리가 결정한다. 한국은 배터리 강국이다. LG에너지솔루션, 삼성SDI, SK온이 대표적이다. 이들은 전기차용 배터리를 만들지만, 드론용 배터리로도 사업을 확장하고 있다. 드론용 배터리는 전기차용 배터리보다 훨씬 높은 출력 밀도를 요구한다. 즉, 기술 난이도가 높다. 하지만 한국 배터리 3사는 이미 그 기술을 보유하고 있다.

둘째, 모터와 액추에이터다.

드론은 핵심 동력인 모터와 그를 제어하는 액추에이터가 중요하다. 에이럭스는 드론용 BLDC 모터 국산화에 성공했다. 에이럭스는 국산 드론 모터의 연 200만 대 대량 생산 체계를 구축했다.

셋째, 카메라 모듈이다.

드론이 장애물을 피하고, 위치를 파악하고, 목적지를 찾으려면 센서가 필요하다. 한국은 카메라, 라이다, GPS, IMU 등 센서 기술에서 강점을 보인다. 자율주행차와 마찬가지로 삼성전기, LG이노텍의 카메라 모듈을 빼놓을 수 없다. 이들은 대개 스마트폰과 자동차용으로 쓰이지만, 드론용으로도 수요가 증가하고 있다.

넷째, 통신 모듈이다.

드론은 실시간으로 데이터를 송수신해야 한다. 5G 통신 모듈,

LTE 모듈 등 한국은 통신 강국이다. 기산텔레콤은 드론 비행의 핵심인 무인 항공기 지상 제어 시스템(GCS)과 고속 데이터 링크 송수신 장비를 공급한다.

즉, 한국은 드론 완성품에서는 약하지만, 드론 부품에서는 강하다. 그리고 부품 시장은 완성품 시장보다 더 크다.

군용 드론: 이란 전쟁이 촉발한 글로벌 드론 군비 경쟁

2026년 2월 말 이란 전쟁 발발 이후, 각국 정부는 군용 드론에 대한 투자를 급격히 늘렸다. 미국 국방부는 2026년 3월 군용 드론 예산을 전년 대비 2배로 증액했다. 한국도 마찬가지였다. 방위사업청은 2026년 예산 중 드론 관련 예산을 3조 원 이상 배정했다. 2025년 대비 50% 증가한 금액이다.

세계 각국은 왜 이렇게 갑자기 드론에 집중하는가? 이란 전쟁이 보여 준 교훈 때문이다. 드론은 저비용 고효율 무기다. 재래식 전투기는 대당 수천억 원이 들지만, 군용 드론은 대당 수억 원에 불과하다. 그런데 정찰, 타격, 전자전 모두 가능하다. 특히 자폭 드론(로이터링 탄약)은 비용 대비 파괴력이 압도적이다.

한국은 현재 북한과 대치 중이다. 북한도 드론을 대량으로 보유하고 있다. 2022년 북한 드론이 서울 상공까지 침투한 사건이 있었다. 당시 한국군은 이를 제대로 요격하지 못했다. 이것은 충격이었다. 한국군은 그 이후 드론 방어 시스템 개발에 집중했고, 드론 요격 전문 시스템을 배치하기 시작했다.

동시에 한국도 공격용 드론을 개발하고 있다. 한화에어로스페이스는 2025년 군용 정찰 드론을 개발해 한국군에 납품했다. 2026년에는 공격용 드론 개발을 시작했다. LIG디펜스앤에어로스페이스도 군용 드론 사업에 뛰어들었다.

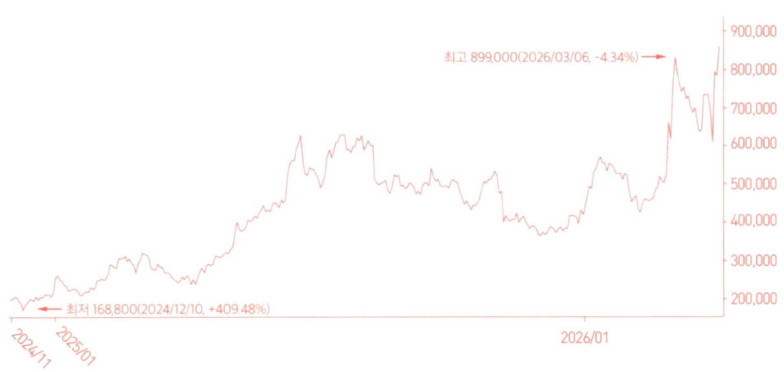
LIG디펜스앤에어로스페이스 주가(2024~2026년)

비츠로셀도 주목할 만하다. 미국 국방 당국과 방산업체 경영진이 비츠로셀 등 국내 중소 배터리 업체들과 긴밀히 접촉하고 있기 때문이다. 미국의 국방용 특수 배터리 셀 공급에 대한 기대감이 있는 상태다. 퍼스텍은 방산용 드론의 제어 시스템과 액추에이터 기술을 보유했다.

군용 드론 시장은 민간 드론 시장과는 다르다. 정부가 주요 고객이고, 계약 규모가 크며, 장기간 안정적인 수익이 보장된다. 한 번 계약을 체결하면 수년간 납품이 이어진다. 그리고 2026년 현재, 각국 정부가 드론 예산을 늘리고 있다. 한국 방산 기업들에게는 큰 기회다.

배송 드론: 쿠팡의 도전과 한국 물류 혁명

군용 드론만큼 중요한 것이 배송 드론이다. 정부의 로드맵에 따라 쿠팡, CJ대한통운 등의 물류 업체들도 배송 드론을 차근차근 준비를 하고 있다. 한국의 배송 드론 시장은 2027년 본격적으로 열릴 것으로 예상된다. 정부가 드론 배송 규제를 대폭 완화했고, 물류 기업들이 대규모 투자를 하고 있기 때문이다. 2027년 한국 배송 드론 시장은 약 5,000억 원 규모로 성장할 전망이다. 2030년에는 3조 원을 넘어설 것이다.

여기서 한국 기업들의 기회가 나온다. 배송 드론 자체는 중국 DJI 같은 기업들이 만들지만, 드론 운영 시스템, 충전 인프라, 관제 시스템은 한국 기업들이 만들 수 있다. 쿠팡과 CJ대한통운은 드론 운영 노하우를 축적하는 중이고, 이것을 다른 나라에 수출할 수도 있다. 드론 배송이 확산되면, 드론 부품 수요도 폭증한다. 배터리, 모터, 센서, 통신 모듈 등을 생산하는 한국 부품 기업들에게 커다란 기회다.

UAM, 드론 산업의 결정판

드론 산업의 최종 단계는 UAM(도심 항공 모빌리티)이다. 쉽게 말해 사람을 태우고 하늘을 나는 택시다. SF 영화에서나 봤던 장면이 이제 코앞의 현실이 되고 있다.

2026년 현재 UAM은 아직 시험 비행 단계다. 하지만 2028년이면 상용화가 시작될 전망이다. 미국 조비 에이비에이션, 독일 볼로콥터, 중국 이항 같은 기업들이 UAM 기체를 개발하고 있다. 한국도 한화시스템, 현대차그룹이 UAM 사업에 투자하고 있다.

UAM의 경제성은 아직 불확실하다. 기체 가격이 비싸고, 운영 비용도 높다. 하지만 시간 가치가 높은 사람들에게는 충분히 매력적이다. 강남에서 인천 공항까지 자동차로 1시간 걸리는 거리를, UAM은 15분이면 간다. 출장이 잦은 비즈니스맨들은 기꺼이 추가 비용을 지불할 것이다.

2028년 서울에서 UAM 시범 서비스가 시작되면, 드론 산업은 새로운 단계로 진입한다. 배송 드론, 군용 드론, UAM의 세 가지 분야가 모두 성장하면서, 드론 산업은 2030년 1,500억 달러 규모로 폭발적으로 성장한다.

드론 산업 투자는 부품주와 서비스 기업 중심으로

드론 산업에 투자하려면 어디에 투자해야 할까?

첫째, 배터리 기업이다.

LG에너지솔루션, 삼성SDI, SK온. 이들은 이미 전기차 배터리로 큰 수익을 내고 있지만, 드론 배터리 사업도 확대하고 있다. 드론 시장이 폭발하면 배터리 수요도 폭증한다. 이들 기업은 안정적이면서도 성장 잠재력이 크다.

둘째, 방산 기업이다.

한화에어로스페이스, LIG디펜스앤에어로스페이스. 이들은 군용 드론 개발에 집중하고 있고, 정부 예산이 늘어나면서 큰 수혜를 받는다. 방산 기업은 경기 변동에 덜 민감하고, 장기 계약으로 안정적인 수익을 보장받는다.

셋째, 물류 기업이다.

쿠팡, CJ대한통운. 이들은 드론 배송 서비스를 직접 운영하면서 노하우를 축적하고 있다. 배송 드론 시장이 성장하면 이들의 운영 효율이 높아지고, 수익성도 개선된다.

넷째, 센서와 카메라 모듈 기업이다.

삼성전기, LG이노텍. 이들은 드론용 카메라, 이미지 센서 모듈을 공급한다. 드론 시장이 커지면 부품 수요도 늘어난다.

앞서 설명한 휴머노이드 로봇 산업 투자에서는 기존 자동차 부품주에 주목했고, 자율주행 산업 투자에서는 휴머노이드 로봇 산업과 수혜가 겹치는 종목에 주목했듯이 드론 산업 투자에서는 방산,

물류 등의 기존 사업과 함께 갈 수 있는 종목을 선택해야 한다. 이것이 신대륙 투자의 핵심이다. 신대륙은 아직 성장 가능성이 많이 남아 있다는 점에서 매력적이지만, 불확실성이 높기 때문에 이것을 보완하기 위해서는 기존 사업에서도 충분히 수익을 내는 기업을 고르는 것이 안정적이다.

2027년 하반기, 배송 드론 서비스가 본격화되고 시장이 확실해지면 비중을 확대할 수 있다. 2028년 UAM이 상용화되면 UAM 관련 기업도 추가로 편입할 수 있다. 2029년 이후는 수익 실현 단계다. 드론 섹터 주가는 2027~2029년에 급등할 가능성이 높다. 시장이 과열되는 구간에서는 일부 차익을 실현하되, 장기 보유 물량은 남겨 둔다. 드론 산업은 2030년 이후에도 계속 성장할 것이기 때문이다.

드론 산업 리스크 요인

첫째, 안전사고다.

드론은 보통 사람이 사는 도심 위를 날아다닌다. 만약 추락 사고가 발생하면? 2024년 중국에서 배송 드론이 추락해 보행자가 다친 사건이 발생했다. 그 이후 해당 지역에서 드론 배송이 일시 중단됐다. 안전사고는 드론 산업 전체에 대한 신뢰를 떨어뜨린다. 특히 UAM은 사람을 직접 태우기 때문에 더욱 민감한 사안이다. 만약 UAM 추락 사고가 발생하면, 상용화는 수년간 지연될 수 있다.

정부가 드론 규제를 완화하고 있지만, 사고가 발생하면 다시 강화될 수 있다. 특히 개인 정보 보호 문제가 있다. 드론에는 카메라가 달려 있고, 이것이 사생활 침해 논란을 일으킬 여지가 다분하다. 유럽은 이미 드론 비행 규제가 매우 엄격하다. 규제가 강화되면 드론 시장 성장이 둔화된다.

셋째, 중국의 독점이다.

드론 완성품 시장은 이미 중국 DJI가 70% 이상을 장악하고 있다. 다른 기업들이 진입하기 어려운 게 현실이다. 한국 기업들이 부품과 서비스에서 시장 진입의 기회를 찾을 수 있지만, 중국이 부품까지 자체 생산하기 시작하면 기회는 줄어든다.

하지만 이런 리스크를 고려해도, 드론 산업에 투자할 가치는 있다. 드론은 배송, 군사, 교통 모두에서 필수적인 인프라가 되고 있다. 시장 규모도 크고, 성장 속도도 빠르다. 리스크를 관리하면서 투자한다면, 2026~2030년 드론 섹터는 안정적인 수익을 제공할 것이다.

2030년, 드론은 일상이 된다

2030년, 서울 하늘에는 수백 대의 드론이 날아다닌다. 배송 드론,

정찰 드론, UAM 등 종류도 다양하다. 드론은 더 이상 신기한 기술이 아니라 우리 일상의 일부다. 쿠팡은 드론 배송 서비스를 서울 전역으로 확대했고, 하루 배송 건수는 10만 건을 넘어섰다. CJ대한통운도 전국 주요 도시에서 드론 배송 서비스를 운영한다. 배송비는 초기 1만 원에서 2,000원으로 내려갔다. 이제 드론 배송은 특별한 서비스가 아니라, 기본 옵션이 됐다.

한화에어로스페이스와 LIG디펜스앤에어로스페이스의 군용 드론은 한국군에 수천 대가 배치됐고, 해외 수출도 시작됐다. 폴란드, 호주, UAE가 한국산 드론을 도입했다. 군용 드론은 방산 수출의 새로운 축이 됐다.

UAM은 2028년 시범 서비스 이후 2030년 본격 상용화 단계에 진입했다. 아직 비싸지만, 서울-인천 공항 노선은 수요가 많다. 2030년 기준 한국 UAM 시장은 약 5,000억 원 규모다. 작지만 빠르게 성장하고 있다.

드론은 이제 하늘의 인프라다. 대규모 아파트 단지가 즐비한 한국이 드론 배송의 세계적인 중심지가 되고 있다.

드론 산업 종목 지도

한화에어로스페이스
LIG디펜스앤에어로스페이스
군용·방산
에이럭스
퍼스텍
모터·액추에이터
엔젤스윙
네비웍스
큐브릭스
니어스랩
비행 소프트웨어·플랫폼
드론
배터리
LG에너지솔루션
삼성SDI
SK온
비츠로셀
카메라·센서
삼성전기
LG이노텍
통신·관제·시스템
기산텔레콤
퍼스텍
SK텔레콤
KT
LG유플러스
LIG디펜스앤에어로스페이스

드론 산업 코스피·코스닥 투자 판단표

시장	기업	종목코드	투자 포인트	ACTION
코스피	LG에너지솔루션	373220	드론 배터리 확대, 고출력 밀도 기술	●
코스피	삼성SDI	006400	드론 배터리 공급, 고출력 배터리 기술	●
코스피	한화에어로스페이스	012450	정찰 드론 납품, 공격용 드론 개발	●
코스피	LIG 디펜스앤에어로스페이스	079550	군용 드론 사업 진출, 정부 예산 수혜	●
코스피	삼성전기	009150	드론 카메라 모듈, 드론 센서 모듈	◎
코스피	LG이노텍	011070	드론 카메라 모듈, 드론 센서 모듈	◎
코스닥	에이럭스	475580	BLDC 모터 국산화, 연 200만 대 생산 체계	○
코스닥	기산텔레콤	035460	지상 제어 시스템, 데이터 링크 송수신 장비	○
코스닥	비츠로셀	082920	국방용 특수 배터리셀, 미국 공급 기대감	○
코스피	퍼스텍	010820	방산용 드론 제어 시스템, 액추에이터 기술	○
코스피	CJ대한통운	000120	드론 배송 준비, 운영 노하우 축적	○
코스피	한화시스템	272210	UAM 사업 투자, 상용화 준비	○

CHAPTER 10

우주 산업·위성 통신 국경 없는 마지막 개척지

개척기

우주 산업의 역사는 크게 세 개의 시대로 나뉜다.

첫 번째는 냉전 시대다.

1957년 소련의 스푸트니크 1호 발사부터 1990년대까지, 우주는 미국과 소련의 경쟁 무대였다. 우주 개발은 국가의 위신이 걸린 일이었고, 천문학적인 예산이 투입됐다. 하지만 그것은 국민의 삶과는 거리가 멀었다. 아폴로 11호가 달에 착륙했지만, 그 이후 50년간 인류는 다시 달에 가지 못했다.

두 번째는 정부 주도 상업화 시대다.

1990년대부터 2010년대 초반까지, 각국 정부는 우주 개발을 상업화하려 했다. 위성 발사 서비스, 국제 우주 정거장 활용 사업 등이 대표적이다. 하지만 여전히 정부 예산에 의존했고, 비용은 너무 높았다. 위성 하나를 쏘아 올리는 데 수천억 원이 들었다.

2010년대 중반부터 세 번째 시대가 열렸다. 민간 주도 우주 경제 시대다.

2015년 스페이스X가 재사용 로켓 팔콘9을 쏘아 올리며 발사 비용을 10분의 1로 낮췄다. 2020년 스페이스X는 스타링크 위성 인터넷 서비스를 시작했다. 2024년 스타링크 가입자는 300만 명을 넘어섰고, 2025년에는 500만 명을 돌파했다. 우주는 더 이상 정부만의 영역이 아니라 기업들이 뛰어드는 비즈니스가 됐다.

그리고 2026년, 우주 산업은 새로운 국면을 맞이했다. 스페이스X의 IPO(기업 공개) 예고다.

스페이스X IPO, 우주 경제의 폭발적 시작을 알리는 신호탄

2026년 1월, 일론 머스크는 "스페이스X가 2026년 하반기 IPO를 검토 중"이라고 발표했다. 시장은 즉각 반응했다. 스페이스X의 기업 가치는 사모 펀드 거래에서 이미 1,800억 달러, 한화로 약 240조 원으로 평가되고 있었다. 만약 IPO가 성사된다면, 역대 최대 규모의 IPO 중 하나로 등극할 것이다.

스페이스X는 왜 지금 IPO를 하려는가? 두 가지 이유가 있다.

첫째, 스타링크의 수익성이 입증됐기 때문이다.

2025년 스타링크의 매출은 약 60억 달러, 영업이익은 약 10억 달러였다. 가입자는 매달 50만 명씩 증가하고 있다. 2027년이면 스타링크 가입자는 1,000만 명을 넘어설 것이고, 매출은 200억 달러를 돌파할 것이다. 수익성이 확실한 사업이 됐다.

둘째, 화성 프로젝트 자금이 필요하기 때문이다.

일론 머스크의 최종 목표는 화성 이주다. 스타십 개발과 화성 기지 건설에는 수십조 원이 필요하다. IPO로 자금을 조달하려는 것이다.

스페이스X IPO는 우주 산업이 본격적인 비즈니스로 접어들었음을 알리는 신호탄이다. 투자자들은 곧 깨닫게 됐다.

"우주도 돈이 된다!"

이윽고 자금이 쏟아진다. 다른 우주 산업 기업들도 IPO를 준비하기 시작했다. 로켓랩, 플래닛랩, 아스트라 등 2026~2027년에는 우주 산업 기업들의 IPO 러시가 예상된다.

누리호 5차 발사와 국산 로켓의 미래

한국도 우주 개발에 박차를 가하고 있다. 2026년 6월, 한국형 발사체 누리호의 5차 발사가 예정되어 있다. 누리호는 2022년 첫 성공 이후 지금까지 4번의 발사를 모두 성공했다. 5차 발사는 실용 위성을 쏘아 올리는 첫 상업 발사다. 누리호 개발에는 약 2조 원이 투입됐다. 일견 비싸다고 생각할 수 있다. 하지만 자체 발사 능력을 갖추는 것은 국가 안보와 직결된다. 한국은 더 이상 다른 나라에 의존하지 않고 스스로 위성을 쏘아 올릴 수 있는 나라다.

그리고 누리호는 단순히 로켓이 아니다. 누리호를 만드는 과정에서 한국 기업들은 로켓 기술을 습득했다. 한화에어로스페이스는 누리호 엔진을 개발했고, 한국항공우주(KAI)는 동체를 제작했다. 이 기술은 미사일, 드론, 항공기 등 다른 분야로 확장된다. 로켓 기술은 첨단 산업 전반에 영향을 미친다.

2026년 현재 한국 정부는 차세대 발사체 개발에 착수했다. 목표는 2030년 달 착륙선을 쏘아 올리는 것이다. 비용은 약 5조 원이 들 것으로 예상한다. 야심 찬 계획이지만, 누리호 성공으로 자신감을 얻었다. 한국의 우주 산업은 아직 초기 단계다. 하지만 방향은 명확하다. 정부가 기반을 닦고, 민간 기업이 상업화한다. 스페이스X처럼.

위성 통신 혁명, 스타링크와 원웹의 경쟁

우주 산업의 핵심은 위성이다. 특히 위성 인터넷이다. 지상의 광케이블과 5G 기지국은 인구 밀집 지역만 커버한다. 하지만 전 세계 인구의 절반은 여전히 제대로 된 인터넷을 쓰지 못하는 실정이나. 위성 인터넷은 산간 지역, 섬, 개발 도상국과 같은 지역에 사는 이들을 연결한다.

2026년 현재 스타링크는 약 5,000기의 위성을 궤도에 올렸다. 2027년에는 1만 기를 넘어설 것이다. 스타링크의 가입자는 2026년 초 약 500만 명으로 집계됐는데, 2027년이면 1,000만 명을 넘어설 것이다. 월 이용료는 약 100달러, 한화로 약 13만 원이다. 지상 인터넷보다 비싸지만, 지상 인터넷이 없는 곳에서는 유일한 선택지다.

스타링크만이 아니다. 영국의 원웹도 2026년 현재 약 600기의 위성을 운영하고 있다. 아마존의 프로젝트 카이퍼도 2026년 시험 위성을 발사했다. 중국도 자체 위성 인터넷 사업을 추진하고 있다.

위성 인터넷 시장은 2026년 약 50억 달러 규모이지만, 2030년에는 300억 달러로 6배 성장할 전망이다. 성장률이 연평균 50%가 넘는다.

위성 인터넷은 단순히 인터넷만 제공하는 게 아니다. 항공기, 선박, 자율주행차, 드론, IoT(사물 인터넷) 기기 등 모든 것이 위성 통신으로 연결된다. 5G와 6G도 위성 네트워크와 통합될 것이다. 위성은 미래 통신 인프라의 핵심이다.

그렇다면 한국 기업들은 우주 산업의 어느 분야에서 기회를 찾을 수 있을까?

로켓 발사 서비스는 스페이스X가 압도적이다. 위성 인터넷 서비스도 스타링크가 주도한다. 한국이 이 분야에서 경쟁하기는 어렵다. 하지만 위성 부품, 로켓 부품, 그리고 지상 장비 분야에서는 기회가 있다.

한화에어로스페이스는 누리호 엔진 개발의 핵심 기업이다. 75톤급 액체 엔진을 개발했고, 이 기술은 차세대 발사체에도 적용된다. 한화에어로스페이스는 단순히 로켓 엔진만 만드는 게 아니다. 위성 추진 시스템, 군용 위성 통신 장비도 개발하고 있다. 방산 기업이면서 동시에 우주 기업이다. 정부 예산이 늘어나면 가장 먼저 수혜를 받는다.

인텔리안테크는 위성 통신 안테나를 만든다. 저궤도 위성용 평판형 안테나를 출시했고, 유텔샛-원웹에 공급 중이다. 저궤도 위성 통신 가입자가 늘어나고 시장이 커질수록 수혜를 받는 구조다.

켄코아에어로스페이스는 항공 우주 부품 전문 기업이다. 항공기 랜딩 기어를 만들던 회사이지만, 이제는 위성 구조물과 로켓 부품으로 사업을 확장하고 있다. 누리호에도 부품을 납품했다. 작은 기업이지만, 우주 산업에서 확고한 위치를 차지했다.

컨텍과 자회사 AP위성은 우주 산업 수직 계열화를 강점으로 내세운다. 지상국부터 위성 및 네트워크 솔루션을 한 번에 제공할 수

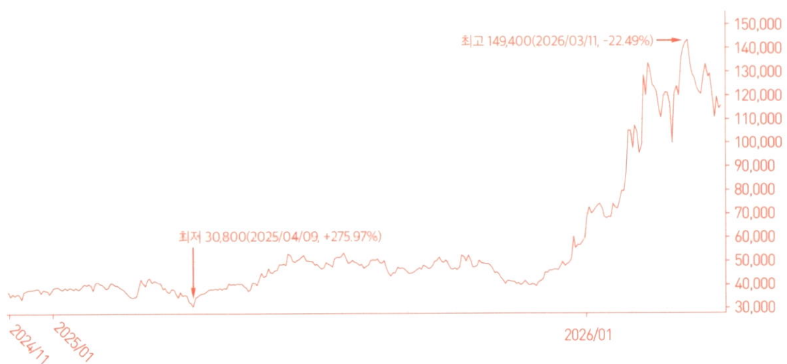

인텔리안테크 주가(2024~2026년)

있는 밸류 체인 구축에 힘쓰고 있다. 컨텍은 동남아시아와 중앙아시아 등지에서 대규모 우주 프로젝트를 협의 중인데, 턴키 사업으로 일괄 수주를 목표로 한다.

루미르는 광학 렌즈와 센서 전문 기업이다. 위성에는 고성능 카메라가 필수다. 지구 관측 위성, 정찰 위성 모두 광학 렌즈가 들어간다. 루미르의 기술은 방위 산업에서 검증됐고, 이제 위성용으로 확장되고 있다. 2026년 현재 루미르는 한국항공우주연구원과 위성용 광학 시스템 개발 계약을 체결했다.

스피어는 위성 안테나와 통신 장비 전문 기업이다. 위성은 지상국과 끊임없이 데이터를 주고받는다. 그러려면 고성능 안테나가 필요하다. 스피어는 이미 군용 통신 장비를 납품하고 있고, 위성 통신 시장으로 진출하고 있다. 스타링크 같은 위성 인터넷이 확산되면, 지상 안테나 수요도 폭증한다.

LK삼양은 항공 우주 소재 전문 기업이다. 로켓과 위성은 극한의 환경에서 작동해야 한다. 발사 시 엄청난 진동과 열을 견디고 우주 공간의 극저온과 방사선에도 끄떡없는 특수 소재가 필요하다. LK삼양은 탄소 섬유 복합재, 고온 내열 소재를 개발하고 있다. 누리호에도 소재를 공급했다.

비츠로테크는 위성 자세 제어 장치를 만든다. 위성은 궤도에서 정확한 자세를 유지해야 한다. 태양 전지판이 태양을 향해야 하고, 안테나는 지구를 향해야 한다. 비츠로테크의 기술은 작지만 핵심적이다. 한 번 납품하면 지속적인 유지 보수 계약이 이어지는 것도 강점이다.

이들 기업의 공통점은 무엇인가? 모두 중소형 기업이라는 것이다. 삼성전자나 LG전자 같은 대기업이 아니지만 소규모라는 것이 오히려 기회의 포인트다. 작은 기업일수록 우주 사업 비중이 크고, 우주 시장이 성장하면 주가 탄력성이 훨씬 크다.

우주 산업 투자는 부품과 서비스 중심, 장기 관점 필수

우주 산업에 투자하려면 어떻게 해야 할까? 단기적으로는 스페이스X IPO의 성사 여부가 가장 중요한 이벤트다. 스타링크 가입자가 폭증하고 위성 인터넷이 일상화되면, 관련 기업들의 주가는 뛸 수 있다. 하지만 실제 수익으로 이어지는 데는 다소 시간이 걸리기 때문에 여기에서도 방산 등 기존의 사업 분야가 탄탄한 기업을 고르는 것이 좋다.

2027년 하반기, 스페이스X IPO가 성사되고 시장이 확실해지면 비중을 확대할 수 있다. 누리호 발사가 모두 성공하고 차세대 발사체 개발이 본격화되면, 한국 우주 기업들에 대한 시장의 신뢰가 높아진다. 그때 추가 투자를 고려한다.

2028년 이후에는 부분 차익 실현을 고려하되, 장기 보유 물량은 유지한다. 우주 산업은 2030년 이후에도 계속 성장할 것이기 때문이다. 특히 한화에어로스페이스는 방산 사업과 우주 사업을 모두 하고 있어서, 장기 보유 가치가 크다.

우주 산업 리스크 요인

첫째, 기술 실패다.

로켓은 폭발할 수 있다. 누리호는 지금까지 4번 모두 발사에 성공했지만, 5차 발사가 실패할 수도 있다. 한 번의 실패가 전체 일정을 수년 지연시킬 수 있다. 2026년 3월 중국의 민간 로켓 기업이 발사 중 폭발 사고를 일으켰다. 다행히 인명 피해는 없었지만, 해당 기업의 주가는 50% 폭락했다. 우주 산업은 기술 난이도가 높고, 실패 비용이 크다.

둘째, 규제 장벽이다.

우주는 국제법으로 규제된다. 위성 발사에는 국제전기통신연합의 승인이 필요하고, 각국 정부의 허가도 받아야 한다. 규제 승인이 지연되면 사업 일정이 밀리고, 투자 회수가 늦어진다. 특히 군용 위성은 보안 문제로 규제가 더욱 까다롭다.

셋째, 수익화 지연이다.

우주 사업은 막대한 초기 투자가 필요하다. 누리호 개발에만 2조 원이 들었다. 차세대 발사체 개발에는 5조 원이 투입된다. 수익이 나오기까지 최소 10년이 걸린다. 투자자 입장에서는 오랜 기다림이 필요하다.

넷째, 해외 경쟁이다.

스페이스X는 발사체 재사용을 통해 발사 비용을 10분의 1로 낮췄다. 한국의 누리호가 아무리 발사에 성공해도, 가격 경쟁력에서 스페이스X를 이기기는 어렵다. 상업 시장보다는 정부 프로젝트와 군사 목적에 집중할 수밖에 없다.

하지만 이런 리스크를 고려해도, 우주 산업에 소량 투자할 가치는 있다. 왜냐하면 우주는 인류의 미래이기 때문이다. 인터넷, 통신, 내비게이션, 기상 예보, 농업, 재난 관리 등 이 모든 것이 위성에 의존한다. 우주 산업은 성장할 수밖에 없다.

2030년, 우주는 더 이상 먼 나라 이야기가 아니다. 스타링크 가입자는 1,000만 명을 넘어섰고, 전 세계 산간 지역과 섬 주민들이 고속 인터넷을 쓴다. 아마존 카이퍼도 상업 서비스를 시작했고, 중국도 자체 위성 인터넷망을 완성했다. 위성 인터넷 시장은 약 300억 달러 규모로 성장했다.

한국의 누리호는 2026년 이후 총 10번의 발사를 모두 성공했고, 2030년에는 한국형 달 탐사선을 쏘아 올렸다. 한화에어로스페이스는 한국 정부뿐 아니라 UAE, 폴란드 같은 국가와도 위성 발사 계약을 체결했다.

본격적인 달 기지 건설도 추진 중이다. 미국을 주축으로 달에 우주 개발 기지를 건설하는 다국적 프로젝트가 시작됐다. 화성 테라포밍의 전초 기지 역할을 할 달 기지가 조금씩 현실화되고 있다.

우주는 인류의 마지막 개척지다. 그리고 한국 기업들이 그 일부를 차지하고 있다.

우주 산업·위성 통신 종목 지도

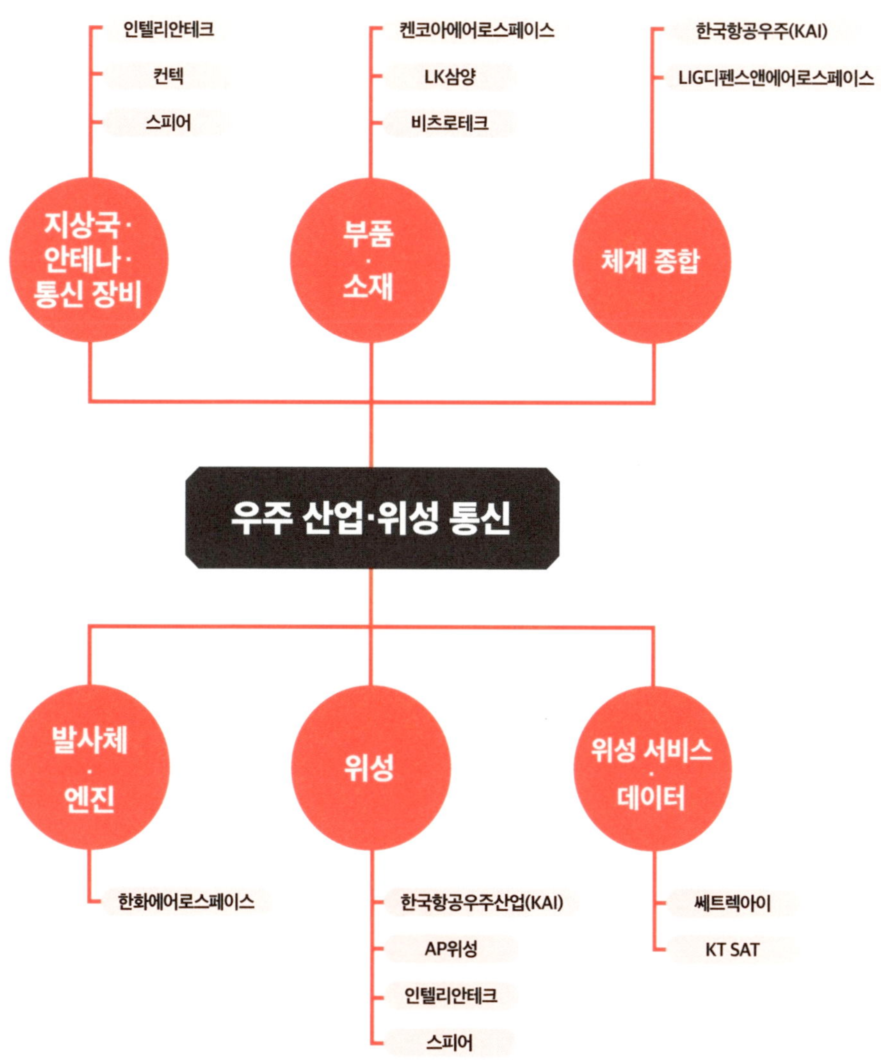

우주 산업·위성 통신 코스피·코스닥 투자 판단표

시장	기업	종목 코드	투자 포인트	ACTION
코스피	한화에어로스페이스	012450	누리호 엔진, 위성 추진 시스템	●
코스피	한국항공우주	047810	누리호 동체, 발사체 기술	●
코스닥	인텔리안테크	189300	저궤도 위성 안테나, 원웹 안테나 공급	●
코스닥	켄코아에어로스페이스	274090	위성 구조물, 누리호 부품 공급	◎
코스닥	컨텍	451760	지상국 장비, 턴키 수주	◎
코스닥	AP위성	211270	위성 본체·탑재체, 위성 네트워크 솔루션	○
코스닥	루미르	474170	위성 광학 시스템, 항우연 계약	○
코스닥	스피어	347700	위성 안테나, 위성 통신 장비	○
코스닥	LK삼양	225190	탄소 섬유 복합재, 누리호 소재	○
코스닥	비츠로테크	042370	위성 자세 제어 장치, 유지 보수 계약	○

CHAPTER 11

태양광·페로브스카이트
실리콘의 한계와 태양광의 새 시대

개척기

태양광 발전의 역사는 크게 세 개의 시대로 나뉜다.

첫 번째는 실리콘 태양광 발전의 탄생 시대다.

1954년 벨 연구소가 최초의 실리콘 태양 전지를 개발했다. 효율은 6%에 불과했지만, 햇빛을 전기로 바꿀 수 있다는 것 자체가 혁명이었다. 1970년대 오일 쇼크를 거치며 태양광은 대안 에너지로 주목받았다. 하지만 비용이 너무 높았다. 1980년대 실리콘 태양광 패널의 발전 단가는 kWh당 약 1달러였다. 석탄 화력 발전의 10배 이상이었다.

두 번째는 중국의 대량 생산 시대다.

2000년대 들어 중국 기업들이 실리콘 태양광 패널을 대량 생산하기 시작했다. 롱지, 징코솔라, 트리나솔라 등의 기업은 규모의 경제로 가격을 10분의 1로 낮췄다. 2020년 태양광 발전 단가는 kWh당 약 0.05달러로 떨어졌다. 석탄 화력보다 저렴해졌다. 태양광은 더 이상 대안 에너지가 아니라, 주류 에너지가 됐다.

하지만 실리콘 태양광 패널에는 근본적인 한계가 있었다. 효율이 더 이상 오르지 않았다. 실리콘 태양 전지의 이론적 최대 효율은 약 29%다. 2026년 현재 상용 제품의 효율은 약 22~24%다. 이미 한계에 가까웠다. 무게도 문제였다. 실리콘 패널은 무겁고 딱딱해서 건물 외벽이나 차량에 부착하기 어려웠다. 제조 과정도 복잡했다. 고온에서 실리콘을 정제하고, 잉곳을 만들고, 웨이퍼로 자르는 과정에 막대한 에너지가 들었다.

그리고 2020년대 중반, 세 번째 시대가 열리고 있다. 페로브스카이트 태양광 패널의 시대다.

2026년 1월, 일론 머스크가 폭탄 선언을 하다

2026년 1월 15일, 일론 머스크는 X(구 트위터)에 한 장의 이미지를 올렸다. 우주 공간에 떠 있는 거대한 데이터 센터 렌더링 이미지였다. 그리고 짧은 글이 따라왔다.

"AI는 더 이상 지구만의 것이 아니다. 스페이스X는 2028년까지 궤도 데이터 센터를 가동한다. 냉각 비용 제로, 태양광 에너지 무한대. 게임이 바뀐다."

전 세계는 충격에 빠졌다. 우주 데이터 센터라니? 터무니없는 소리처럼 들렸다. 하지만 일론 머스크는 진지했다. 그리고 기술적으로 충분히 가능했다.

지상 데이터 센터의 가장 큰 문제는 냉각이다. AI 칩은 엄청난 열을 발생시킨다. 데이터 센터 전력의 40%가 냉각에 쓰일 정도다. 하지만 우주에서는 냉각 문제가 발생하지 않는다. 진공 상태에서 복사 냉각으로 충분하다.

두 번째 문제는 전력이다.

지상 데이터 센터는 전력망에 의존한다. 하지만 우주에는 태양광이 24시간 내리쬔다. 대기에 의한 감쇠도 없다. 지상보다 1.4배 강한 햇빛이 끊임없이 공급된다.

세 번째 문제는 발사 비용이다.

하지만 스페이스X는 이미 재사용 로켓으로 발사 비용을 10분의 1로 낮췄다. 스타십이 완성되면 그보다 더 낮아진다. 2028년이면 톤당 발사 비용이 100만 달러 이하로 떨어질 것이다.

그렇다면 남은 문제는 하나다. 태양광 패널이다. 우주 데이터 센터에는 수백 kW급 전력이 필요하다. 기존 실리콘 태양광 패널로는 불가능하다. 너무 무겁기 때문이다. 발사 비용을 감당할 수 없다.

하지만 페로브스카이트는 다르다. 페로브스카이트를 사용한 태양 전지는 실리콘보다 10배 가볍다. 얇은 필름처럼 만들 수 있어서 접어서 보낼 수도 있다. 우주에서 펼치면 된다. 게다가 효율은 실리콘 태양 전지와 같거나 더 높다.

일론 머스크의 우주 데이터 센터 계획이 발표되자, 페로브스카이트 업계는 폭발했다.

페로브스카이트, 우주 시대의 에너지원으로 주목받다

페로브스카이트는 광물 이름이다. 1839년 러시아에서 처음 발견됐다. 하지만 태양 전지 패널로 그 쓰임을 주목받기 시작한 것은 2009년이었다. 일본 연구진이 페로브스카이트 물질을 태양 전지에 적용했고, 효율 3.8%를 기록했다. 당시에는 이 사실이 별로 주목받지 못했다.

하지만 2010년대 들어 페로브스카이트의 효율이 폭발적으로 상승했다. 2012년 10%, 2015년 20%, 2020년 25%로 점차 증가했다. 2026년 현재 실험실 수준에서는 이미 33%를 넘어섰다. 실리콘 태양광 패널의 이론적 한계 효율을 뛰어넘어선 수치다.

페로브스카이트의 장점은 효율만이 아니다.

첫째, 제조 공정이 간단하다.

실리콘은 1,000도 이상의 고온에서 정제해야 하지만, 페로브스카이트는 상온에서 용액을 코팅하는 방식으로 만들 수 있다. 마치 프린터로 인쇄하듯이 간편하다. 게다가 제조 비용이 실리콘의 절반 이하다.

둘째, 가볍고 유연하다.

실리콘 태양광 패널은 무게가 1㎡당 약 10kg이지만, 페로브스카이트 태양광 패널은 1kg 미만이다. 얇은 필름처럼 만들 수 있어서 건물 외벽, 차량 지붕, 그리고 우주선에도 부착할 수 있다.

셋째, 다층 구조가 가능하다.

페로브스카이트와 실리콘을 결합하면(탠덤 태양 전지), 효율을 30% 이상으로 높일 수 있다. 각 층이 서로 다른 파장의 빛을 흡수하기 때문이다.

일론 머스크가 우주 데이터 센터 계획을 발표한 후, 페로브스카이트는 더 이상 지상용 에너지원이 아니었다. 우주 시대의 에너지원으로 떠올랐다.

2026년 현재 페로브스카이트 태양광 패널은 상용화 직전 단계다. 2024년 영국 옥스퍼드PV가 세계 최초로 페로브스카이트 탠덤 태양 전지를 상업 생산하기 시작했다. 2025년 중국 롱지도 페로브스카이트 태양광 패널 양산 라인을 가동했다. 2026년에는 폴란드, 사우디아라비아에서도 공장 건설이 시작됐다. 하지만 여전히 해결해야 할 문제가 있다. 바로 내구성이다.

내구성 문제, 페로브스카이트의 치명적 아킬레스건

실리콘 태양광 패널의 수명은 25년 이상이다. 25년 후에도 초기 출력의 80% 이상을 유지한다. 하지만 페로브스카이트 태양광 패널은 다르다. 수분, 산소, 자외선에 두루 취약하다. 몇 개월이면 성능이 급격히 떨어진다. 2020년대 초반 페로브스카이트 태양광 패널의 가장 큰 걸림돌이 바로 이런 내구성 부족이었다. 실험실에서는 효율 25%를 기록했지만, 실외에 설치하면 6개월 만에 효율이 절반으로 떨어졌다. 이 상태로 상용화는 불가능했다.

하지만 2020년대 중반 돌파구가 제시됐다. 캡슐화 기술이다. 페로브스카이트 층을 특수 코팅으로 감싸서 수분과 산소를 차단하는 것이다. 2024년 옥스퍼드PV는 캡슐화된 페로브스카이트 태양광 패널이 실외에서 2년 이상 안정적으로 작동한다는 것을 증명했다. 2025년 일본 파나소닉도 5년 이상 안정성 유지를 목표로 한 제품을 개발 중이라고 발표했다.

2026년 현재 페로브스카이트 태양광 패널의 내구성은 아직 실리콘 태양광 패널에 미치지 못한다. 하지만 10년 수명만 확보되면 상용화는 가능하다. 왜냐하면 제조 비용이 낮아서 10년마다 교체해도 총 비용이 실리콘 태양광 패널보다 저렴하기 때문이다. 2027년이면 내구성 10년을 보장하는 페로브스카이트 태양광 패널이 시장에 출시될 것으로 예상된다. 그때가 바로 페로브스카이트 태양광 패널 시대의 본격적인 시작이다.

실리콘 VS. 페로브스카이트 태양광 패널 시장 전망 비교

구분	결정질 실리콘(Si)	페로브스카이트(PSC)	탠덤 셀(Si+PSC)
현재 지위	시장 점유율 95% 이상의 주류	연구 단계에서 상업화 초기 진입	2026년 양산 개시 (차세대 표준)
이론 효율	최대 29.1% (한계치 근접)	단일 셀 기준 33% 이상	최대 44% (이론치)
2026년 현황	TOPCon, HJP 등 고효율화 지속	유연/투명 태양 전지 틈새시장 공략	한화솔루션 등 주도로 양산 라인 가동
2030년 전망	점진적 점유율 하락 (70~80%)	BIPV(건물 일체형) 시장 주도	전체 태양광 시장의 30% 이상 점유

이란 전쟁과 유가 상승이 불러온 신재생 에너지에 대한 관심

2026년 2월 이란 전쟁이 발발했다. 호르무즈 해협이 봉쇄되자 유가는 치솟았다. 2025년 말 배럴당 70달러였던 국제 유가는 2026년 3월 120달러를 넘어섰다. 전 세계가 에너지 위기를 우려했다.

이러한 상황은 신재생 에너지 산업에 큰 기회로 작용했다. 각국 정부는 석유 의존도를 낮추기 위해 태양광과 풍력 발전에 대한 투

자를 대폭 늘렸다. 한국도 마찬가지였다. 2026년 3월 정부는 신재생 에너지 중심의 에너지 전환 투자를 추경으로 확대하기로 했다. 2030년까지 신재생 에너지 보급 목표를 기존 78GW에서 100GW로 대폭 상향 조정하고, 2026년 기후 에너지 예산을 19조 원 규모로 확정했다.

유가 상승은 태양광 등의 신재생 에너지 업계에 최고의 타이밍이었다. 태양광 업계에 몰리는 투자금 덕분에 2026년은 페로브스카이트 태양광 패널 상용화의 원년이 될 가능성이 높다.

한국 태양광 산업의 현주소는 어디인가?

한국 태양광 산업의 현주소를 솔직히 말하자면 실리콘 태양광 시장에서 중국에 완패했다.

2000년대 초반 한국에는 OCI, 한화솔루션 같은 태양광 기업들이 있었다. 하지만 2010년대 중국 기업들의 저가 공세에 밀렸다. 중국은 정부 보조금으로 대규모 공장을 짓고, 물량 폭탄으로 가격을 낮췄다. 한국 기업들은 도무지 경쟁할 수 없는 구조가 형성됐다. 2015년 OCI는 태양광 사업을 축소했고, 한화솔루션만 간신히 버텼다.

2026년 현재 글로벌 실리콘 태양광 시장에서 중국 기업들의 점유율은 약 80%다. 롱지, 징코솔라, 트리나솔라, JA솔라, 캐나디안솔라 등 상위 10개 기업 중 8개가 중국 기업이다. 한화솔루션은 10위권 밖이다.

하지만 페로브스카이트는 다르다. 페로브스카이트는 아직 시장이 형성되지 않았다. 2026년 현재 상용화 직전 단계다. 선발 주자도 없고, 중국이 압도적 우위를 점하지도 못했다. 한국에게 기회가 있다.

한화솔루션은 2024년부터 페로브스카이트 탠덤 태양 전지 개발에 집중하고 있다. 2025년 연구소에서 효율 30%를 달성했다. 2027년 시범 생산을 목표로 하고 있다. 한화솔루션은 실리콘 태양광 사업에서는 중국에 밀렸지만, 페로브스카이트 사업에서는 선도 기업이 될 수 있다.

HD현대에너지솔루션도 페로브스카이트 사업에 진출했다. 석유 정제 사업이 사양 산업이 되면서, 재생 에너지 사업으로 전환하고 있다. 페로브스카이트는 제조 공정이 석유 화학 공정과 유사한 부분이 있어서 HD현대에너지솔루션의 기술력을 활용할 수 있다.

소재 기업들도 기회가 있다. 페로브스카이트 태양 전지를 만들려면 특수 소재가 필요하다. 페로브스카이트 전구체, 정공 수송층, 전자 수송층, 캡슐화 소재 등이 대표적인데 이들은 모두 고부가 가치 소재다.

신익시스템은 OLED 디스플레이 제조에 쓰이는 증착 장비를 제조하는 기업이다. OLED 소재 기술은 페로브스카이트 소재에도 적용된다. 둘 다 유기 화합물을 다루기 때문이다. 신익시스템은 페로브스카이트를 신성장 동력으로 낙점하고 투자 중이다.

한국은 실리콘 태양광 산업에서는 중국에게 졌지만, 페로브스카이트 산업에서는 아직 게임이 시작되지 않았다. 2027년은 그 게임이 시작되는 출발점이다.

페로브스카이트 산업 투자 전략: 2027년 이후를 준비하라

페로브스카이트 투자는 타이밍이 중요하다. 2026년 지금 당장 투자하기에는 이르다. 아직 상용화되지 않았고, 내구성도 검증되지 않았다. 기술 리스크가 크다. 하지만 태양광 산업 자체는 이란 전쟁이 야기한 고유가 행진으로 시장의 큰 관심을 받을 수 있다.

태양광 산업의 호재는 이뿐만이 아니다. 2026년 11월로 예정된 미국의 중간 선거가 큰 분수령이 될 수 있다. 트럼프 행정부 1기 당시 2018년 중간 선거에서 하원이 민주당으로 넘어갔다. 그 직후인 2019년 2월 미국 민주당은 '그린 뉴딜' 결의안을 내며 태양광 업계에 엄청난 파장을 일으켰다. 결국 2020년 인페이즈 에너지, 선런 등 미국의 태양광 업체들의 주가는 수십 배씩 뛰어올랐다. 이런 상황은 2026년 중간 선거에서 재현될 가능성이 높다. 이란 전쟁이 불러온 고유가와 물가 상승의 여파로 공화당 지지율이 하락하면 중간 선거에서 민주당의 승리로 연결될 가능성이 높다. 만약 그렇게 된다면 2027년 이후 태양광 관련주들의 주가 상승은 불 보듯 빤하다.

따라서 페로브스카이트 산업의 낮은 기술적 성숙도와 상관없이 이란 전쟁의 여파와 정치적 환경이 태양광 관련주의 주가를 결정지을 것이다.

2030년, 페로브스카이트는 더 이상 실험실의 기술이 아니다. 건물 외벽, 차량 지붕, 심지어 옷에도 페로브스카이트 태양 전지가 들어간다. 서울 시내 건물 중 30% 이상이 BIPV(건물 일체형 태양광)를 설치했고, 그중 절반이 페로브스카이트 필름을 부착했다.

전기차에도 페로브스카이트가 탑재된다. 지붕과 보닛에 페로브스카이트 필름을 부착하면, 하루 동안 주차하면서 약 10km를 달릴 수 있는 전기를 충전할 수 있다. 2030년 출시되는 현대차와 기아의 신형 전기차에는 페로브스카이트가 옵션으로 제공된다.

글로벌 페로브스카이트 시장은 2030년 약 100억 달러 규모로 성장했다. 아직 실리콘(약 2,000억 달러)에 비하면 작지만, 성장률은 연평균 80%를 넘는다. 2035년이면 실리콘과 페로브스카이트 시장이 비슷해질 것으로 예상된다.

우주 데이터 센터도 현실이 됐다. 페로브스카이트 덕분에 안정적인 에너지를 공급할 수 있게 되면서, 본격적으로 우주에 데이터 센터를 지어 올리는 빅테크들이 많아졌다.

태양광은 페로브스카이트와 함께 우리의 일상이 됐다.

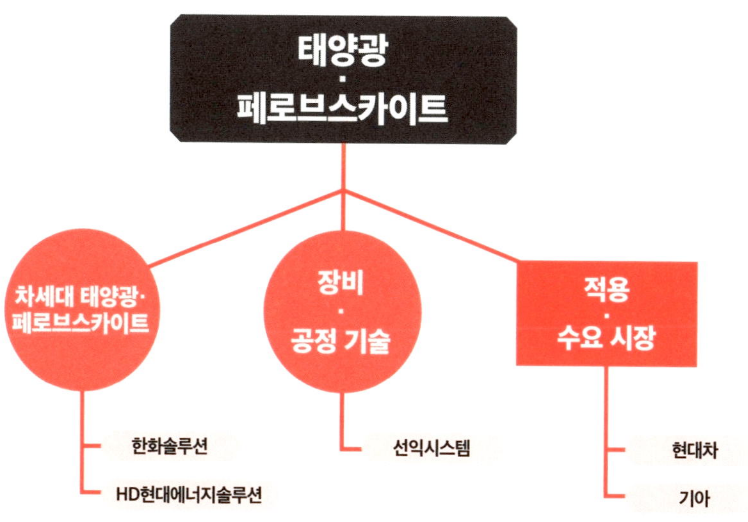

태양광·페로브스카이트 종목 지도

태양광·페로브스카이트 투자 판단표

시장	기업	종목 코드	투자 포인트	ACTION
코스피	한화솔루션	009830	페로브스카이트 탠덤 셀, 고효율 셀 기술	●
코스피	HD현대에너지솔루션	322000	페로브스카이트 태양광, 재생 에너지 사업	●
코스닥	선익시스템	171090	OLED 증착 장비, 페로브스카이트 공정 적용	◎

CHAPTER 12

전고체 배터리
배터리 혁명의 완성

탐험기

배터리의 역사는 크게 세 시대로 나뉜다.

첫 번째는 납축·니켈 시대다.

1859년 프랑스 물리학자 가스통 플랑테가 납축전지를 발명한 이후, 100년 넘게 자동차 시동용으로 사용됐다. 무겁고 용량이 작았지만, 당시로서는 혁명이었다.

두 번째는 리튬이온 시대다.

1991년 소니가 상용화한 리튬이온 배터리는 모바일 혁명과 전기차 시대를 열었다. 에너지 밀도는 250~280Wh/kg, 충전을 수백 번

반복해도 성능이 유지됐다. 하지만 한계도 명확했다. 이론적 최대 효율은 약 300Wh/kg이었고, 액체 전해질 때문에 화재 위험이 상존했다. 무엇보다 가장 중요한 것은, 리튬이온 시장에서 한국이 중국에 밀렸다는 점이다. 2026년 현재 중국 CATL의 글로벌 배터리 시장 점유율은 약 37%다. 한국의 배터리 3사인 LG에너지솔루션, 삼성SDI, SK온의 점유율을 모두 합쳐도 중국을 이기지 못한다.

그리고 2020년대 후반, 세 번째 시대가 열리고 있다.

바로 전고체 배터리 시대다. 이것은 단순한 배터리 기술의 진화가 아니다. 피지컬 AI 시대의 핵심 병목을 해결하는 열쇠다.

전고체 배터리, 피지컬 AI의 충전 병목을 푸는 열쇠

2026년 현재 AI 기술은 폭발적으로 발전하고 있다. 챗GPT, 클로드, 제미나이 등 대형 언어 모델은 인간의 사고 수준을 뛰어넘었다. 이미지 생성, 영상 생성, 음성 합성 모두 완성 단계에 접어들었다. 하지만 피지컬 AI는 다르다. 휴머노이드 로봇, 자율주행차, 배송 드론, UAM 등은 모두 물리 세계에서 움직인다. 이들이 움직이려면 배터리가 필수다. 문제는 리튬이온 배터리로는 한계가 있다는 점이다.

테슬라의 옵티머스 휴머노이드를 예로 들어 보자. 2026년 현재 옵티머스는 약 2.4kWh 용량의 리튬이온 배터리를 탑재하고 있다.

작동 시간은 약 2시간이다. 공장에서 8시간 일하려면 3번 충전해야 한다. 이것은 비효율적이다. 반면 전고체 배터리를 탑재하면 같은 무게로 5시간 작동이 가능하다. 충전 횟수가 절반으로 줄어든다.

현대차가 인수한 보스턴 다이내믹스의 아틀라스도 마찬가지다. 2026년 현재 아틀라스는 약 3.6kWh 배터리를 탑재하고 있지만, 작동 시간은 약 90분에 불과하다. 전고체 배터리로 교체하면 4시간 이상 작동할 수 있다. 현대차가 2027년 하반기 전고체 배터리 양산에 목표를 두는 이유다.

자율주행차도 마찬가지다. 테슬라의 FSD는 주행 중 카메라와 AI 칩을 끊임없이 가동한다. 전력 소비가 크다. 전고체 배터리를 탑재하면 주행 거리가 1,000km를 넘어선다. 한 번 충전으로 서울-부산 왕복이 충분히 가능하다.

배송 드론은 전고체 배터리가 더욱 절실하다. 현재 배송 드론은 무거운 물체를 들고 날기 때문에 약 30분 비행 후 충전해야 한다. 하루에 10번 충전이 필요하다. 반면 전고체 배터리를 탑재하면 60분 비행이 가능하고, 충전 횟수가 절반으로 줄어든다. 이는 배송 가능한 지역이 2배로 넓어진다는 뜻이다. 운영 효율이 2배가 된다.

결론은 명확하다. AI가 아무리 똑똑해도, 배터리가 없으면 피지컬 AI는 작동하지 않는다. 전고체 배터리는 피지컬 AI 시대의 충전 병목을 푸는 열쇠다.

배터리가 곧 군사력이다

전고체 배터리는 단순히 산업의 문제가 아니다. 국가 안보가 걸린 문제이기도 하다.

2026년 2월 이란 전쟁을 통해 현대전의 양상이 완전히 바뀌었음이 드러났다. 이란은 수천 대의 저가 드론으로 미국의 미사일 방어 체계를 무력화했다. 드론 1대 가격은 약 5만 달러였지만, 그것을 막기 위해 미국은 대당 300만 달러짜리 미사일을 쏴야 했다. 비용 대비 효율이 60배 차이가 났다.

다음에 이뤄질 전쟁은 드론만 투입되지 않는다. 휴머노이드 로봇도 전장에 투입된다.

2025년 미국 국방부는 "2030년까지 휴머노이드 로봇을 전투 부대에 배치한다"라고 발표했다. 앞으로 인간 보병 대신 로봇이 총을 들고, 수류탄을 던지고, 폭발물을 설치한다. 인명 손실이 제로가 되니 전쟁 수행을 지시하는 정치인들의 부담이 사라진다. 전쟁의 문턱이 낮아짐은 물론이다.

하지만 휴머노이드 로봇을 전장에 투입하려면 배터리가 필수다. 리튬이온 배터리로는 불가능하다. 작동 시간이 너무 짧다. 2시간 작전을 수행하고 후방으로 돌아와 충전해야 하는데 일분일초가 긴박한 전선에서 충전소를 운영할 수는 없는 노릇이다. 하지만 전고체 배터리를 탑재하면 이야기가 달라진다. 5시간 이상 작전 수행이 가능하다. 충전 속도도 빠르다. 10분 내 80% 충전이 가능하니 작전 지속성이 확보된다.

2030년, 만약 한국이 전고체 배터리 기술을 확보하지 못하면 어떻게 될까? 중국은 저가로 대량 생산한 휴머노이드 로봇을 전장에 투입한다. 한국은? 인간 보병을 보낸다. 결과는 빤하다. 전고체 배터리를 확보하지 못하면 전쟁에서 필패다.

흔히 전고체 배터리라고 하면 양산된다 하더라도 초기의 높은 가격이 걸림돌이라고 얘기한다. 하지만 이건 가격의 문제로 한정할 수 없다. 물론 일반 전기차 시장에서는 주행 거리가 길더라도 전고체 배터리의 높은 가격에 소비자들이 구매를 망설일 수 있다. 하지만 피지컬 AI는 접근이 다르다. 휴머노이드를 대거 공장에 투입한 경우, 전고체 배터리를 사용함으로써 작업 시간이 증가하면 이는 높은 생산성과 직결된다. 드론도 마찬가지다. 즉, B2B 시장에서는 전고체 배터리가 충분히 승산이 있다. 또 국방 쪽에서도 휴머노이드 전투 시간의 증가는 곧 군사력과 직결된다. 따라서 소비자의 가격 저항은 문제가 아니다. 정부나 기업에서 초기 수요를 가져가고 나중에 생산 원가가 낮아지면 일반 소비자들에게도 충분히 매력적인 제품으로 다가갈 것이다.

전고체 배터리 시장에서 한국의 반격이 시작되다

2026년 3월 11일부터 13일까지 서울 코엑스에서 인터배터리 2026 행사가 열렸다. 올해의 화두는 '로봇과 AI'였다. LG에너지솔루션, 삼성SDI, SK온 등 국내 배터리 3사가 모두 로봇·드론·AI 데이터 센터용 배터리를 선보였다.

삼성SDI는 파우치형 전고체 배터리 샘플을 공개했다. 에너지 밀도 500Wh/kg 이상, 10분 내 80% 충전, 화재 위험 제로인 제품으로 2027년 하반기 양산이 목표라고 밝혔다. 타깃은 휴머노이드, 드론, UAM 등 로봇 시장이다. 현대차와 로봇용 전고체 배터리를 공동 개발 중이다.

LG에너지솔루션은 황화물계 전고체 배터리 실물을 처음 공개했다. 기존 흑연 음극을 활용한 흑연계 전고체 배터리를 개발 중이며, 2029년 초기 상용화를 목표로 하고 있다. 프리미엄 전기차와 휴머노이드, UAM 시장을 노린다.

SK온은 황화물계 전고체에 집중하고 있다. 이온 전도도가 높아 충전 속도가 빠르지만, 제조 난이도가 가장 높다. 2029~2030년 상용화를 목표로 하며, 방산용 우선 공급을 계획하고 있다.

세계적인 전고체 배터리 석학인 셜리 멍 시카고대학교 교수는 인터배터리 2026 컨퍼런스에서 이렇게 말했다.

"전고체 배터리 첫 세대가 일반 전기차에 적용되기까지는 꽤 오랜 시간이 걸릴 것이고, 당분간은 마진이 높은 드론이나 휴머노이드 같은 하이엔드 시장에 집중될 수밖에 없습니다."

하지만 중요한 것은, 한국이 전고체 배터리에서 중국을 앞설 수 있다는 점이다. 리튬이온 배터리 시장에서는 중국에게 졌다. 하지만 전고체 배터리는 다르다. 아직 시장이 형성되지 않았다. 선발 주자도 없다. 2027년은 전고체 배터리 시장의 게임이 시작되는 출발선이다. 한국이 먼저 양산에 성공하면, 글로벌 시장을 선점할 수 있다.

황화리튬, 전고체 배터리의 심장

전고체 배터리는 액체 전해질을 고체 전해질로 바꾼 배터리다. 고체 전해질에는 크게 두 가지 방식이 있다. 산화물계와 황화물계다. 산화물계는 안정성이 높지만, 이온 전도도가 낮고 충전 속도가 느리다. 반면 황화물계는 이온 전도도가 높아 충전 속도가 빠르지만, 제조 난이도가 높다. 한국의 배터리 3사가 집중하고 있는 게 바로 황화물계다. 그리고 황화물계 전해질의 핵심 원료가 바로 황화리튬이다.

황화리튬은 리튬(Li)과 황(S)이 결합한 화합물이다. 고체 전해질의 이온 전도성을 극대화하는 핵심 소재다. 문제는 가격이다. 황화리튬은 기존 액체 전해질 원재료보다 50~60배 비싸다. 2026년 현재 kg당 가격은 약 50만 원이다. 기존 전해질 원료는 kg당 약 1만 원이다.

황화리튬은 왜 이렇게 비싼가? 제조 공정이 복잡하기 때문이다. 리튬과 황을 고온·고압 환경에서 반응시켜야 하고, 불순물을 제거하는 정제 과정이 까다로워 대량 생산이 어렵다. 그래서 글로벌 시장에서 황화리튬을 안정적으로 공급할 수 있는 기업이 많지 않다.

이수스페셜티케미컬은 전해질 첨가제 전문 기업이다. 리튬이온 배터리용 첨가제 시장에서 글로벌 5위권에 손꼽힌다. 배터리 전해질에 미량 첨가해 성능을 높이는 화학 물질을 만드는 기술을 바탕으로 황화리튬 생산에 진출했다.

이수스페셜티케미컬은 현재 황화리튬 생산을 위한 마더 플랜트를 구축 중이다. 초기 생산 규모는 연 100톤 수준이지만, 최대 500톤까지 확대할 수 있는 생산 시설이다.

이수스페셜티케미컬의 가장 큰 강점은 기술력이다. 황화리튬은 순도가 생명이다. 불순물이 1%만 섞여도 전고체 배터리의 성능이 급격히 떨어진다. 이수스페셜티케미컬은 순도 99.9% 이상의 황화리튬을 생산할 수 있다. 이것은 글로벌 기업의 기술력이다.

이수스페셜티케미컬의 또 다른 강점은 공급 계약이다. 2026년 현재 삼성SDI, SK온과 황화리튬 공급 협의를 진행 중이다. 삼성SDI는 2027년 하반기 전고체 배터리 양산을 목표로 하고 있고, SK온은 황화물계 전고체 배터리에 집중하고 있다. 이들이 양산에 들어가면 황화리튬 수요가 폭증할 것이고, 이수스페셜티케미컬의 기업 가치는 올라갈 수밖에 없다.

전고체 배터리 밸류 체인

앞서 설명한 배터리 3사와 이수스페셜티케미컬 말고도 밸류 체인에 속해 있는 기업들이 많다. 롯데에너지머티리얼즈는 동박 회사라는 기존 이미지에서 벗어나, 전고체 배터리의 핵심 소재 기업으로 영역을 넓히고 있다. 회사는 익산2공장에 연산 70톤 규모의 황화물계 고체 전해질 파일럿 공장을 완공했고, 고이온전도 입도 제어 기술, 수분 안정성 조성, 건식·습식 합성 공정 등 차별화 기술을 내세우고 있다. 더 중요한 것은 이 회사가 고체 전해질 하나만 보는 게 아니라, 니켈도금박과 연계한 '전고체 소재 토탈 솔루션'을 전략으로 제시하고 있다는 점이다. 결국 전고체 배터리시장이 열리면 단일 소재보다 여러 핵심 부품과 소재를 묶어 공급하는 기업이 더 큰 협상력을 갖게 되는데, 롯데에너지머티리얼즈는 그 점을 일찍부터 준비하고 있다고 볼 수 있다.

씨아이에스는 전고체 소재와 공정 장비를 함께 보는 기업이다. 회사는 전고체 전해질 코팅 장비, 고체 분말 압착 기술, 황화물계 고체 전해질 소재 개발·양산 등을 내세우고 있다. 장비 기업이면서 동시에 전고체 소재 쪽까지 발을 넓히고 있다는 점에서, 전고체 배터리시대의 복합형 수혜주로 볼 수 있다. 전극 공정 장비 경험을 바탕으로 차세대 전지 공정으로 확장한다는 점도 강점이다.

한농화성은 국책 과제를 통해 전고체 배터리 전해질 기술 개발을 추진 중인 기업으로 시장에서 주목받고 있다. 한농화성의 강점은 정밀 화학 기반이다. 전고체 배터리는 결국 고도화된 화학 소재 산업이기 때문에, 정밀 화학 역량을 가진 기업들이 예상보다 큰 기회를 잡을 수 있다. 배터리 업계에서는 흔히 셀 메이커가 주인공처럼 보이지만, 실제로는 그 밑에서 화학 원료와 중간체를 공급하는 기업들이 장기 수혜를 누리는 경우가 많다. 한농화성은 바로 그런 맥락에서 봐야 할 기업이다.

전고체 배터리 2027년 양산이 분수령이다

전고체 배터리 투자는 타이밍이 중요하다. 2026년 상반기 현재는 준비 단계다. 양산 일정이 불확실하고, 가격 경쟁력도 입증되지 않았다.

2027년 하반기, 삼성SDI가 양산을 시작하고 현대차의 로봇에 실제로 탑재되는 것이 확인되면 본격 투자를 고려할 시점이다. 2028~2029년, LG에너지솔루션과 SK온도 양산에 돌입하고 전기차 탑재가 시작되면 비중을 늘린다. 다만 중국 CATL, BYD도 전고체 배터리 양산에 나서기 때문에 가격 경쟁이 본격화될 수 있다는 점을 염두에 둬야 한다.

삼성SDI 주가(2025~2026년)

전고체 배터리 산업 리스크 요인

첫째, 양산 지연이다.

제조 공정이 복잡해 수율 확보가 어렵고, 예상치 못한 기술적 문제가 발생할 수 있다. 토요타는 2020년에 2022년 상용화를 선언했다가 2027~2028년으로 연기한 바 있다.

둘째, 가격 경쟁력 부족이다.

황화리튬은 기존 전해질보다 50~60배 비싸다. 저가 LFP 배터리가 전기차 시장을 장악한 상황에서 고가의 전고체 배터리가 시장을 확대하기는 어렵다.

셋째, 중국의 추격이다.

CATL은 2027년 소규모 양산, 2030년 대량 양산 계획을 밝혔다. BYD도 2027년 자사 플래그십 차량에 탑재할 계획이다. 중국은 리튬이온 배터리 시장을 저가 공세로 장악했는데, 전고체 배터리에서도 같은 전략을 펼칠 가능성이 높다.

2030년, 전고체 배터리는 로봇, 드론, UAM, 프리미엄 전기차 등 피지컬 AI 시장의 표준으로 자리 잡았다. 아직 리튬이온 배터리의 시장 규모에는 미치지 못하지만, 특정 분야에서 확실한 점유율을 차지하고 있다.

한국군은 전고체 배터리를 탑재한 휴머노이드 로봇 1,000대를 배치할 계획이다. 비무장 지대에 투입돼 정찰 임무를 수행한다. 현대차 공장에 투입된 아틀라스도 삼성SDI의 전고체 배터리를 탑재했다. CJ대한통운의 배송 드론도 전고체 배터리를 사용한다.

전고체 배터리는 단순한 배터리 기술이 아니다. 피지컬 AI 시대의 충전 병목을 푸는 열쇠이자 국가 안보가 걸린 생존 기술이다. 그리고 한국 기업들은 그 미래의 중심에 서 있다.

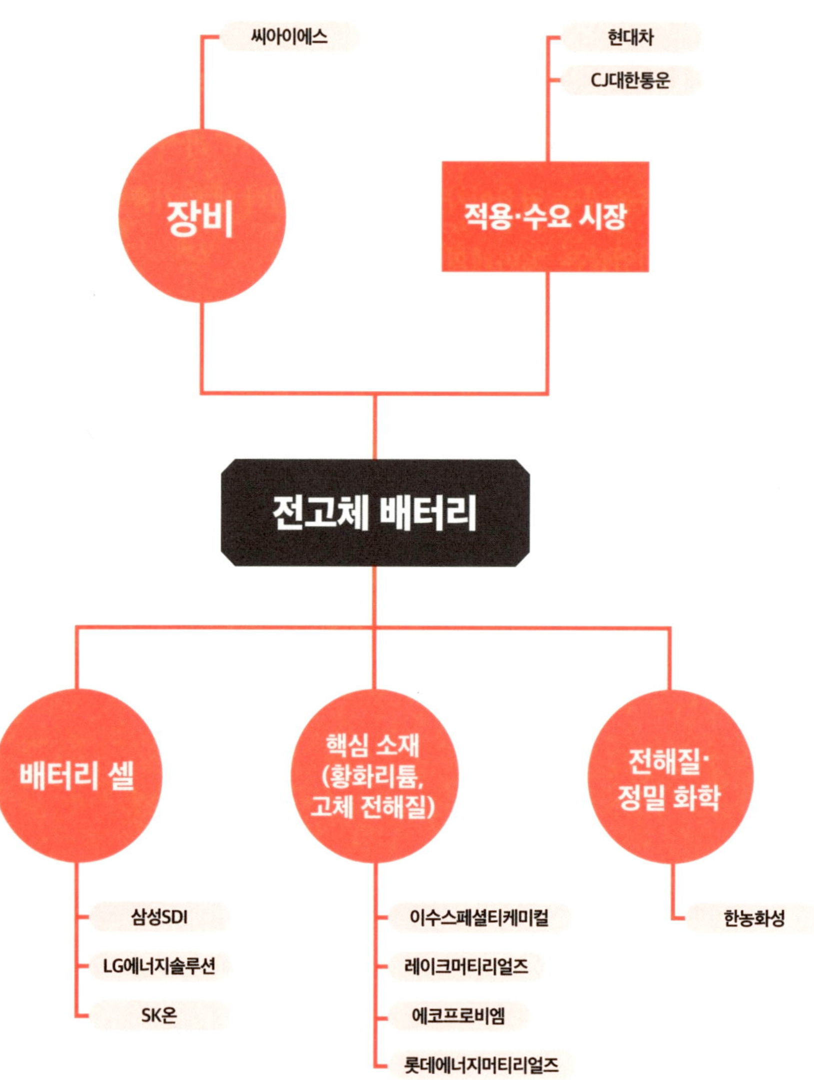
씨아이에스
현대차
CJ대한통운
장비
적용·수요 시장
전고체 배터리
배터리 셀
핵심 소재
(황화리튬,
고체 전해질)
전해질·
정밀 화학
삼성SDI
LG에너지솔루션
SK온
이수스페셜티케미컬
레이크머티리얼즈
에코프로비엠
롯데에너지머티리얼즈
한농화성

전고체 배터리 투자 판단표

시장	기업	종목 코드	투자 포인트	ACTION
코스피	삼성SDI	006400	전고체 배터리 셀, 고밀도·고속 충전	●
코스피	LG에너지솔루션	373220	황화물계 전고체, 프리미엄 배터리	●
코스피	SK아이이테크놀로지	361610	황화물계 전고체, 고이온 전도 소재	◎
코스피	이수스페셜티케미컬	457190	황화리튬, 고순도 전해질 원료	○
코스피	롯데에너지머티리얼즈	020150	고체 전해질, 전고체 소재 솔루션	○
코스닥	씨아이에스	222080	전고체 코팅 장비, 분말 압착 공정	○
코스피	한농화성	011500	전해질 소재, 전고체 기반 소재	○

신대륙 종합 투자 매트릭스

연도	피지컬 AI·로봇	자율주행차·로보택시	드론 산업
2026년	● **즉시 진입** 부품 체인 수익화 시작 감속기, 액추에이터, 센서	○ **관망·선별** CES 출격 & E2E 검증 시범 운행 확대	● **즉시 진입** 530억 달러 시장 진입 DaaS 성장, 산업·군용 급증
2027년	◎ **수익화** 로봇 실적 급증 M&A 활발화 시작	◎ **상용화** 수익성 입증 완료 도시 서비스 본격화	◎ **배송 일상화** 시장 규모 60조 원 돌파 물류 혁신 가시화
2028년	◎ **대중화** 휴머노이드 대중화 제주 등 서비스 확산	◎ **10조 원 시장** 시장 규모 10조 원 돌파 기술 표준화 진전	◎ **에어 택시 상업화** UAM 상용화 시작 도시 교통 혁명
2029년	◎ **경제 핵심화** 공급망 한국 의존 심화 로봇 경제 핵심 부상	◎ **글로벌 표준** 글로벌 표준화 확립 규모의 경제 가속	◎ **드론 경제 완성** 수익성 정착 단계 시장 성숙화 진입
2030년	◎ **주도 산업 확립** GDP 기여 확대 국가 핵심 산업화	◎ **보편화** 서비스 안정화 성숙 시장 진입	◎ **성숙 시장** 표준 인프라 정착 공공 기관 및 기업 필수재

우주 산업·위성 통신	태양광·페로브스카이트	전고체 배터리
● **즉시 진입(선별)** 누리호 5차 발사 위성 통신 경쟁	○ **관망(준비 단계)** R&D 강화 및 효율 27% 상용화 대기	● **즉시 진입(강력)** 실차 테스트 개시 OEM 파트너십 가속
◎ **상업화 진전** 추가 발사 성공 서비스 상업화	○ **파일럿 확대** 시범 운영 확대 수주 전환 확인 필요	◎ **양산 시작** 첫 양산차 출시 안전성 지표 검증
◎ **우주 탐사 경쟁** 달 기지 건설 시작 민간 탐사 확대	◎ **상용화 시작** 효율 30%+ 달성 생산 본격화	◎ **글로벌 확대** 300+Wh/kg 달성 5분 충전 정착
◎ **신사업 확대** 우주 관광 시장 형성 데이터 서비스 확대	◎ **점유율 확대** 시장 점유율 급증 에너지 인프라 편입	◎ **전환 가속** 장착 비중 급증 리튬이온 대체 가속
◎ **우주 경제 정상화** 우주 인프라화 경제 정상화	◎ **에너지 전환 핵심** 핵심 에너지원 등극 주력 발전원 정착	◎ **완전 전환** 주류화 달성 차세대 표준 정착

두 대륙의 시너지

"그러면 이제 구대륙 말고 신대륙에 투자해야 되는 건가요?"

"둘 중에 어디에 투자해야 되는 거죠?"

지금까지 이 책을 읽은 독자들은 이렇게 물을지 모른다. 이와 같은 궁금증을 지닌 독자들을 위해 이번 장에서는 구대륙과 신대륙의 관계에 대해서 설명하려고 한다.

신대륙은 구대륙 없이 존재할 수 없다

2026년 1월, 보스턴 다이내믹스의 휴머노이드 아틀라스가 공개

됐다. 아틀라스는 인간보다 훨씬 나은 운동 능력을 보여 줬고 전 세계는 놀라운 신기술에 열광했다. 테슬라도 이에 질세라 옵티머스의 본격적인 양산을 준비 중이다.

하지만 여기서 잠깐 멈춰서 다음의 질문에 대한 답을 생각해 보자. 이 로봇들은 무엇으로 움직이는가?

바로 반도체다. 삼성전자와 SK하이닉스의 AI 가속 메모리가 필요하다. 휴머노이드의 두뇌는 반도체 없이 작동하지 않는다. 1대의 휴머노이드에는 수백 개에서 수천 개의 칩과 센서가 사용된다. 이를 모두 제어하는 것이 반도체다.

그리고 배터리다. 휴머노이드는 2시간마다 충전해야 한다. 리튬이온 배터리가 주력이고, 2028년부터는 전고체 배터리가 투입된다. 삼성SDI, LG에너지솔루션의 배터리 없이 로봇은 2시간도 못 버틴다. 결국 신대륙은 구대륙 위에 세워진다.

이것은 휴머노이드에만 한정된 이야기가 아니다. 자율주행차도 마찬가지다. 테슬라, 웨이모, 모셔널이 치열하게 경쟁하고 있지만 결국 자율주행차는 무엇으로 볼까? 카메라 이미지센서다. 삼성전기, LG이노텍이 이 센서를 만든다. 1대의 자율주행차에는 카메라 12개, 레이더 6개, 라이다 1개가 들어간다. 그리고 자율주행 컴퓨팅은 AI 칩으로 처리된다. 엔비디아의 드라이브 토르, 테슬라의 FSD 칩, 퀄컴의 스냅드래곤 라이드 모두 반도체가 필요하다.

드론도 마찬가지다. 2026년 현재 드론 시장 규모는 530억 달러로 추산된다. 드론은 무엇으로 날아가는가? 배터리다. 그리고 비행 제어는 반도체 칩으로 처리된다. GPS 위성 통신 칩, 카메라 센서, 비행 제어 칩 모두 반도체가 들어간다.

우주 위성은 무엇으로 작동하는가? 태양 전지판과 배터리다. 그리고 위성 통신 칩도 반도체가 필수다.

전고체 배터리는 누가 만드는가? 삼성SDI, LG에너지솔루션 같은 기존 배터리 기업들이다.

이렇게 신대륙의 모든 산업은 구대륙에 뿌리를 둔다.

하지만 두 대륙의 관계는 일방통행이 아니다. 신대륙이 구대륙에 의존하는 만큼, 구대륙도 신대륙이 필요하다.

2026년 2월, 삼성전자 주가가 20만 원을 돌파하고 SK하이닉스의 주가가 100만 원을 넘어서자 투자자들은 기뻐하는 한편 불안해했다.

"반도체가 계속 오를까? AI 칩 호황은 이미 끝물 아닌가? HBM 수요가 언제까지 증가할까?"

이것은 투자자로서 정당한 질문이다. 제국도 영원하지 않다. 성장에는 한계가 있다. 데이터 센터 건설 추진의 동력도 언젠가는 느려질 것이다. 그렇다면 반도체 산업 투자자는 어떻게 해야 하는가? 지금이라도 팔고 빠져나와야 하는가?

휴머노이드가 2027년부터 양산될 예정이다. 만일 2030년까지 1,000만 대가 생산되면 어떤 결과가 따를까? 반도체 수요가 폭증한다. 이것은 데이터 센터와는 전혀 다른 시장이다. 즉, 휴머노이드는 반도체 산업의 새로운 성장 동력이다.

자율주행차는 2027년부터 본격 상용화된다. 자율주행차 1대당 카메라 12개, 레이더 6개, 라이다 1개, AI 칩 5개가 필요하다. 만일 2030년까지 1억 대가 생산되면 어떤 파급 효과가 이어질까? 역시 반도체 수요가 폭발한다. 이 또한 반도체 산업의 새로운 시장이다.

드론 배송이 2027년부터 일상화된다. 만일 2030년까지 1억 대의 드론이 하늘을 날면 무슨 일이 일어날까? 배터리 수요가 치솟는다.

우주 위성이 2029년까지 1만 개가 발사되면? 태양 전지와 배터리 수요가 급증한다.

이처럼 신대륙이 성장하면, 구대륙은 자동으로 동반 성장한다.

신대륙은 구대륙에 '미래'를 선사한다

코스피 6,000은 구대륙의 성과다. 코스피 1만은 구대륙과 신대륙의 시너지가 가져올 결과다.

2024년 12월, 코스피는 2,360이었다. 비상계엄령의 공포 속에서 투자자들은 한국 증시로부터 도망쳤다. 하지만 14개월 후인 2026년 2월, 코스피는 6,300을 넘어섰다. 160%의 급격한 상승이다. 무엇이 이 기적을 만들었는가?

반도체, 조선, 방산, 원전, 배터리, 금융의 구대륙이다. 이들이 안정적으로 성장하며 시장을 떠받쳤다. 삼성전자 주가는 20만 원을 돌파했고, SK하이닉스는 100만 원을 넘었다. HD한국조선해양은 LNG선 수주로 향후 3년 매출이 확정됐다. 한화에어로스페이스는 K-방산 수출로 사상 최대 실적을 기록했다. 이것이 구대륙의 강력한 힘이다.

그렇다면 코스피 1만은 어떻게 달성할 수 있을까?

구대륙만으로는 불가능하다. 반도체 산업은 계속 성장세를 보일 테지만, 성장 속도는 완만해진다. 조선은 사이클 산업이다. 방산은 수출에 한계가 있다. 원전은 정책에 좌우된다. 배터리는 중국과 경쟁한다. 금융은 안정적이지만 폭발적이지 않다.

구대륙의 한계를 내다보는 투자자들은 이렇게 묻는다.

"반도체가 언제까지 오를까?"
"배터리는 중국에 밀리는 거 아닌가?"

이 질문들은 투자자의 불안을 내포한다. 성장의 끝을 걱정하는 것이다.

신대륙은 구대륙에 성장의 이유를 부여한다

하지만 신대륙이 있으면 상황은 달라진다.

"반도체가 언제까지 오를까?"

→ 휴머노이드와 자율주행이 있으니 2030년까지 오른다.

"배터리는 중국에 밀리는 거 아닌가?"

→ 전고체 배터리로 중국을 앞선다.

이렇게 신대륙은 구대륙에 '성장의 이유'를 제공한다.

투자자들은 더 이상 구대륙 산업들에 대해 "이제 끝물인가?"라고 묻지 않는다. 대신 질문이 바뀐다.

"이 종목들은 앞으로 얼마나 더 오를까?"

투자자의 심리가 불안에서 기대감으로 바뀐다. 그리고 이 심리의 변화가 코스피를 1만으로 끌어올린다.

2026년, 두 대륙이 만난다

결국 "구대륙에 투자할까요, 신대륙에 투자할까요?"라는 이분법적인 질문은 잘못됐다. 구대륙과 신대륙은 대립하지 않는다. 오히려 상호 보완적 관계다. 구대륙의 기술력과 시장 지배력이 탄탄해야 신대륙도 성장한다. 신대륙이 계속 모멘텀을 제공해야 구대륙도 상승한다.

어느 한쪽이 우위를 점한 일방통행이 아니라 상호 의존이다. 따라서 투자자는 두 대륙을 모두 보아야 한다.

구대륙은 방어가 핵심이다. 시장이 폭락해도, 구대륙 기업들은 살아남는다. 배당을 주고, 실적을 낸다. 신대륙은 공격이 핵심이다. 시장이 상승하면, 신대륙 기업들이 폭발한다. 10배, 20배 수익을 만든다.

두 대륙에 모두 영토를 지닌 투자자만이 코스피 1만 시대의 수혜를 온전히 받을 수 있다.

2026년, 한국 주식 시장은 역사적 변곡점에 섰다. 반도체, 조선, 방산, 원전, 배터리, 금융의 구대륙은 성숙했다. 각자의 사이클을 타며 안정적으로 성장한다. 코스피 6,000은 구대륙이 만든 땅이다.

신대륙은 이제 건설기로 접어들기 직전이다. 피지컬 AI·로봇, 자율주행차·로보택시, 드론 산업, 우주 산업·위성 통신, 태양광·페로브스카이트, 전고체 배터리가 그리는 미래가 현실이 되고 있다. 코스피 1만 시대는 신대륙이 만들 것이다.

이제 당신은 두 대륙을 모두 보아야 한다. 구대륙의 안정성을 포트폴리오의 기반으로 삼고, 신대륙의 폭발력으로 수익을 극대화하라.

코스피 6,000 시대는 구대륙이 만들었다. 코스피 1만 시대는 두 대륙이 함께 만들 것이다.

"당신은 지금 어느 대륙에 서 있는가?"

이는 잘못된 질문이다.

"당신은 두 대륙 모두에 발 딛고 서 있어야 한다!"

그것이 코스피 1만 시대에 성공하는 투자자가 되는 유일한 길이다.

개척자에게
보내는 편지

이 책을 다 읽은 지금, 당신 앞에는 두 개의 질문이 있다.

첫 번째 질문. 당신은 무엇을 배웠는가?

당신은 구대륙을 배웠다. 반도체, 조선, 방산, 원전, 배터리, 금융의 판도를 익혔다. 이들이 어떻게 코스피를 6,000까지 끌어올렸는지, 각 산업이 어떤 사이클을 타는지, 언제 들어가고 나와야 하는지를 당신은 이제 안다. 구대륙은 곧 안정성이고, 사이클 타이밍이 전부라는 것도 깨달았다.

당신은 신대륙도 배웠다. 피지컬 AI·로봇, 자율주행차·로보택시, 드론 산업, 우주 산업·위성 통신, 태양광·페로브스카이트, 전고체 배터리의 가능성을 내다봤다. 이들이 어떻게 코스피를 1만으로 끌어올릴지, 어떤 기업에 투자해야 하는지, 왜 기존 사업이 탄탄한 기업을 선택해야 하는지를 당신은 이제 안다.

당신은 두 대륙 사이의 시너지도 배웠다. 신대륙은 구대륙 없이 존재할 수 없고, 구대륙은 신대륙으로 미래를 얻는다는 것을. 두 대륙이 함께 성장해야 코스피 1만이 가능하다는 것을.

두 번째 질문. 당신은 무엇을 할 것인가?

지식은 행동으로 이어져야 한다. 이 책을 읽는 것만으로는 충분하지 않다. 이제 당신은 실제로 투자해야 한다. 주식을 사고, 포트폴리오를 구성해야 한다.

개척자와 구경꾼의 차이

역사는 개척자와 구경꾼이 어떻게 다른 결말을 맞이했는지 소상히 보여 준다.

1492년, 콜럼버스가 신대륙을 발견했을 때, 대부분의 사람들은 구경꾼이었다.

"저 바다 너머에 뭐가 있을까?"

그들은 궁금해했을 뿐, 결국 배에 오르지 않았다. 하지만 소수의 개척자들은 달랐다. 그들은 배에 올랐다. 위험을 무릅쓰고, 항해를 시작했다. 그리고 새로운 땅에 도착했다.

1849년, 캘리포니아에서 골드러시가 시작됐을 때, 대부분의 사람들은 구경꾼이었다.

"그곳에 금이 정말 있을까?"

그들은 의심했다. 하지만 소수의 개척자들은 달랐다. 그들은 서부로 떠났다. 고된 여정을 견뎌내고, 금을 캤다. 그리고 부자가 됐다.

2000년, 인터넷 혁명이 시작됐을 때, 대부분의 사람들은 구경꾼이었다.

"인터넷으로 돈을 벌 수 있을까?"

그들은 회의적이었다. 하지만 소수의 개척자들은 달랐다. 그들은 아마존 주식을 샀다. 구글에 투자했다. 그리고 지금, 그들은 수백 배의 수익을 거뒀다.

2026년 지금, 당신 앞에 새로운 대륙이 열렸다.

피지컬 AI·로봇, 자율주행차·로보택시, 드론 산업, 우주 산업·위성 통신, 태양광·페로브스카이트, 전고체 배터리 시장이 그것이다. 이것은 21세기판 골드러시이자 인터넷 혁명이다. 이것은 새로운 대륙이다.

당신은 개척자가 될 것인가, 구경꾼으로 남을 것인가?

개척자의 조건

개척자가 되려면 세 가지가 필요하다.

첫째, 용기.

신대륙은 불확실하다. 휴머노이드가 정말 양산될까? 자율주행이 정말 상용화될까? 드론이 정말 하늘을 가득 채울까? 아무도 확신할 수 없다. 하지만 개척자는 불확실성 속에서도 앞으로 나아간다. 왜? 그들은 안다. 불확실성 속에 기회가 있다는 것을.

둘째, 전략.

용기만으로는 충분하지 않다. 무작정 뛰어들면 실패한다. 개척자는 전략을 세운다. 구대륙 50%, 신대륙 50%로. 기존 사업이 탄탄한 기업을 선택하고, 사이클 타이밍을 체크하고, 리스크를 관리한다. 전략이 있는 용기만이 성공으로 이어진다.

셋째, 인내.

신대륙은 하루아침에 정복되지 않는다. 2027년부터 2030년까지 4년이라는 시간이 필요하다. 그 사이에 조정이 올 것이다. 공포가 엄습할 것이다. 하지만 개척자는 끝내 버틴다. 인내하는 자가 끝까지 살아남는다.

2030년, 당신의 포트폴리오는?

2030년, 당신은 어디에 있을 것인가?

만약 당신이 구경꾼으로 남는다면, 언젠가 이런 뉴스를 볼 것이다.

"코스피 1만 돌파!"

그리고 후회할 것이다.

"아, 그때 샀어야 했는데!"

하지만 이미 늦었다. 기회는 지나갔다.

만약 당신이 개척자가 된다면, 당신은 축하 메시지를 받을 것이다. 증권사 앱으로부터 알림이 온다.

"포트폴리오 +300%."

당신은 곧 만면에 미소를 지을 것이다. 그리고 회상할 것이다.

2026년, 그때 결정을 내린 순간을.

2026년, 지금이 바로 그 순간이다.

당신에게 건네는 마지막 메시지

이 책을 쓰면서, 나는 수없이 많은 데이터를 분석했다. 수백 개의 기업을 리서치했다. 수천 장의 보고서를 읽었다. 하지만 내가 당신에게 전하고 싶은 메시지는 단순하다.

"지금 당장 시작하라."

완벽한 타이밍을 기다리지 마라. 투자에서 완벽한 타이밍은 없다. 시장이 안정될 때까지 기다리지 마라. 시장은 절대 안정되지 않는다. 모든 리스크가 사라질 때까지 기다리지 마라. 리스크는 항상 존재한다.

개척자는 불완전한 순간에 시작한다.

1492년, 콜럼버스는 항해 지도도 없이 출발했다. 1849년, 골드러시 개척자들은 미국 서부에 금이 있으리라는 확신도 없이 길을 떠났다. 2000년, 초기 인터넷 투자자들은 어떤 기업이 살아남을지 몰랐다. 하지만 그들은 일단 시작했다. 그리고 마침내 승자가 됐다.

2026년 지금, 이제 당신이 승자가 될 차례다.

이 책을 마치며, 나는 당신에게 묻는다.

10년 후, 2036년, 당신은 어떤 이야기를 하고 있을 것인가?

"2026년에 기회가 있었는데, 나는 망설였어."

아니면,

"2026년에 기회를 잡았어. 그게 내 인생을 바꿨어."

선택은 당신의 몫이다.

구대륙은 당신을 기다리고 있다. 안정적이고, 검증됐고, 수익을 주는 땅이다. 신대륙도 당신을 기다리고 있다. 불확실하지만, 무한한 가능성을 품은 땅이다.

두 대륙 모두 당신의 영토가 될 수 있다.

지도는 당신 손에 있다. 이제 항해를 시작할 시간이다.

코스피 1만으로 가는 길은, 지금 당신 발밑에서 시작된다.

개척자여, 출발하라.